1

Tsering Dolma

Être la Voie

Une vie à observer son esprit

Volume I

L'enfance adulte

et

Volume II

La Bodhicitta : est le chemin

« Le bouddhisme, c'est essentiellement changer notre esprit. Ce changement se produit quand on comprends les enseignements qui expliquent comment atteindre le bonheur et se libérer de la souffrance en intégrant le mécanisme des causes, des conditions et des résultats. C'est alors que l'esprit change.
Certains disent que le bouddhisme est une science de l'esprit. Si l'on y réfléchit bien, cette affirmation est justifiée. On n'a pas besoin d'une croyance pour pratiquer le bouddhisme. Il faut simplement être inspiré par une connaissance que l'on acquiert. »

Extrait de l'enseignement de Sa Sainteté le XIV Dalaï lama au Danemark en 2003 sur la Prajnaparamita, la voie, le chemin et le fruit.

***

À Sa Sainteté le Dalaï Lama et tous les maîtres,
qui dans leurs infinies bontés ont la patience de montrer le chemin sans relâche.

Gratitude à Ketty, Christine, Aline, Francine, Bernard, Adrien et Marie
ainsi qu'à tous les êtres sans qui ce livre n'aurait pu voir le jour.

Être la Voie

Une vie à observer son esprit

Volume I - Volume II

L'enfance adulte
et
La Bodhicitta : est le chemin

Récit et écriture
Tsering Dolma

Volume I

L'enfance adulte

"La douleur est un grand bienfait : c'est un ébranlement qui provoque la chute de l'arrogance, la compassion envers les êtres, la crainte des actes nuisibles, l'amour de la vertu."

Shantideva

Table

Une vie à observer son esprit

$$\boxed{\textbf{Volume I}}$$

Première partie

Un esprit, un corps et un chemin

Deuxième partie

Au gré des êtres..42

Éducation par les instants

Volume II

Première partie

Quand la mort parle de futur...

Deuxième partie

Ce grand maître le Livre

Le pouvoir des mots

Préface

Ce livre a pour vocation d'initier une réflexion sur la manière dont on perçoit le monde qui nous entoure et celui généré par cette perception de l'intérieur. Expérimentant une réflexion logique de l'esprit, en accord avec la loi de causalité de la philosophie bouddhiste, le tout en observant de manière constructive les effets sur le quotidien. Le lecteur est ainsi placé dans une réalité concrète, sans aucune référence à l'identité, d'où l'absence de pronoms personnels. La transformation de l'esprit étant le sujet principal de ces ouvrages, tous les personnages de la sphère privée sont sans importance, car seule l'expérience est source d'enseignement.

Les ouvrages de cette série se déclinent en espace de temps, commençant dès l'âge de trois ans et se terminant à l'âge de dix sept ans pour ces deux volumes. Créant ainsi un fil conducteur, une continuité des expériences sur le chemin de l'existence.

La philosophie bouddhiste enseigne :
« Sois ton propre maître »

Dans cette dynamique, le regard sur son esprit est primordial afin d'en comprendre son fonctionnement, sa portée et sa transformation en relation avec le quotidien. C'est, bien entendu, une démarche progressive qui ne se résume pas à cela uniquement. L'esprit devient graduellement de plus en plus subtil et sa transformation arrive à maturité avec l'obtention de l'éveil, absence totale de souffrance.

En occident, il est bien difficile de créer cette démarche intérieure de manière lucide, sachant que rien ne l'insuffle culturellement. L'étude des textes sacrés enseignés par le Bouddha est apparu en occident il y a de cela à peine cent cinquante ans.

De ce fait, rien ne prédispose un individu à rencontrer cette sagesse venue d'orient, sans en avoir créé les circonstances intérieures et extérieures.

Les souffrances que vous allez découvrir au gré de ces pages, dès l'enfance, ont obligé l'esprit à créer une auto-protection pour ne pas les subir. Elles se révéleront une formidable source d'apprentissage à l'existence et surtout une vaste découverte intériorisée, si difficile à apprivoiser pendant l'enfance.

Avec la maturité, l'esprit commence à percevoir les rouages des causalités, engendrant la diversité et l'impact de la douleur au sein des instants. Progressivement, il se libère de l'emprise de l'ignorance et découvre une paix inébranlable, parlant de compassion et de sagesse. L'ouverture créée par cette mutation met au premier plan l'altruisme et le besoin viscéral d'atteindre un état capable d'apporter une aide à l'ensemble des êtres.

Ce livre se divise en quatre parties bien distinctes, tout en étant reliées les unes aux autres par un fil d'ariane, une quête d'absolue :

1) **Le présent** : symbolise l'accomplissement extérieur en relation avec le passé.
2) **Le passé** : permet de comprendre le chemin emprunté pour y arriver.
3) **L'enseignement en relation avec la philosophie bouddhiste** : au sein des instants passés accompagnant l'expérience acquise en la vivant.
4) **La définition** : stabilise la compréhension.

La finalité de ces lignes est d'accompagner ceux en quête d'authenticité, générant une attitude intérieure constructive face aux souffrances quotidiennes. Être proche de son propre esprit, c'est se libérer de l'emprise des illusions que suscitent les sens, c'est accéder à une liberté intérieure et extérieure toujours plus vaste.

Introduction

Le premier volume « ***Être la voie*** » intitulé « ***L'enfance adulte*** » de ce chemin initiatique de l'intérieur vers l'extérieur, l'esprit commence sa marche vers la reconnaissance de sa nature authentique et lumineuse.

Les souvenirs des perceptions qui le guident, commence dans un corps d'à peine trois ans, dont la lucidité totalement reliée à ses vies antérieures, lui propose l'expérimentation de la philosophie bouddhiste au travers de ses sens. Il commence à percevoir, ensuite, jusqu'à l'âge de onze ans les balbutiements de l'impermanence, une première ouverture compassionnée et l'envie irrépressible de protéger autrui. Un lien subtil encore inconscient le reliant à tous les êtres, associé à une profonde empathie dirigé vers eux, ne cessant de s'accroître tout en devenant plus spacieuse. Créant de manière causale, une base sur laquelle prendre appui pour progressivement avoir un regard lucide sur le corps et l'esprit. Plus sensible avec le temps qui passe, les douleurs et les souffrances génèreront insidieusement une sagesse inconsciente, tout comme le feraient des graines semées dans un sol fertile et vierge.

Quand au deuxième volume intitulé « ***La Bodhicitta : est le chemin*** », il accentue l'impact et les conséquences des diverses souffrances passées sur le continuum mental. Mais les réflexions et les réponses qu'apporte la logique de ces instants douloureux, donnèrent une crédibilité certaine à la possibilité d'en être libéré par l'acte de « mourir ». La reconnaissance ignorante de cet conclusion, donnant tout pouvoir à l'intellect, engendra la croyance illusoire d'une libération de toutes formes de souffrances.

Paradoxalement, la fin probable de la vie, parla de futur, montrant qu'un regard uniquement dirigé vers soi, n'était en réalité qu'une vision étriquée source de multiples incohérences intérieures. L'infinité des êtres souffrant de manière similaire, c'est en observant profondément cette réalité qu'un amour compassionné et emphatique naquit en l'esprit supporté par la logique.

Graduellement, la vision sur l'intériorité s'éclaircit, laissant place à de nouvelles perceptions et attitudes, modifiant à leur tour pensées et activités quotidiennes. Une vie intérieure fructueuse apparut, faisant émerger l'impact rationnel des accumulations positives ou négatives de la pensée, de l'acte et de la parole.

Ce processus de mutation de l'esprit suivra son propre cheminement, dépendant en partie d'éléments tels que le courage, la détermination, l'acuité intérieure et la compassion. Transformation effective impactant le continuum mental en une suite logique d'expériences, qui mèneront par la suite à une diminution progressive de la souffrance. Le tout reposant sur une volonté viscérale d'atteindre une liberté vaste et lumineuse.

Volume I - Première partie

« L'enfance adulte »

Un esprit, un corps et un chemin

Lorsqu'un esprit se transforme de l'intérieur en analysant ses souffrances, il développe une lucidité sur les instants permettant à la sérénité de devenir une alliée. Avec ce regard intériorisé pas à pas se met en place une affinité avec lui-même. Un état où la compréhension de la racine de ses souffrances laisse la sagesse s'épanouir. Le quotidien devient alors une source de changement intérieur où il peut graduellement percevoir la réalité telle qu'elle est, abandonnant une vision conceptuelle de celle-ci.

Les instants deviennent ainsi une source extraordinaire d'enseignements, d'apprentissages, de développement conscient, rendant effective cette transformation totale de l'être. Les causes et les conditions créent un environnement ayant pour substance la diminution des notions intellectuelles, alimentant des interférences avec l'intuitif et le subtil.

Un état au-delà de la réalité d'un soi émergeant de l'analyse de son propre esprit. L'expérimentation d'un espace où l'intellect se tait, devenant effective avec le temps. Clarté et simplicité étant à l'origine de cette nouvelle base intérieure, dont l'intuition en est une forme de langage au sein du présent. État où dans une réalité de tous les jours, la souffrance se mue en réflexion et son résultat en sagesse.

Ces livres sont un voyage initiatique au cœur des instants, illustrant le cheminement d'un esprit dans un corps humain vivant en occident, de son premier enseignement à nos jours. Un esprit choisissant d'entendre ses souffrances comme maître, transformant les plus petits espaces de son intérieur pour ne plus subir, mais vivre et atteindre un état de liberté absolue pour le bien de tous les êtres.

Un lien profond avec les enseignements du Bouddha Shakyamuni, qui exista bien avant la naissance dans ce corps et dont les reflets subtils proposent au lecteur de voyager au-delà du visible, là où le Dharma[1] est essence du tout.

---

[1] **Dharma** : Enseignements du Bouddha Shakyamuni. Loi naturelle d'une constatation de la manière dont fonctionne le monde et l'esprit en relation avec ce monde.

Chapitre I

Au commencement…

C'était un jour d'octobre 2018 en France, l'été devait laisser place à l'automne, pourtant la sécheresse durcit toujours les sols et la peau brunit encore. Le climat se réchauffe et au-delà de l'aspect plaisant d'une douceur agréable, l'inquiétude prend place en pensant aux conséquences d'un tel changement. Les moustiques ne devaient plus être aussi présents et les arbres qui jaunissent attendaient la fraîcheur tardant à venir. C'est une époque où les changements sont si rapides que les corps ont du mal à suivre l'incohérence du climat. Il y a de cela une vingtaine d'années, on pouvait encore lire dans l'éclat d'une nuit étoilée le temps du lendemain, aujourd'hui ce n'est plus qu'une illusion. Les fruits et les légumes n'ont plus les mêmes saisons, et la rareté de certains est encore l'indice que le changement du climat est bien présent. Les migrations de certains animaux sont retardées et l'invasion d'insectes venus d'autres continents, crée de nouvelles conditions pour les espèces présentes.

De retour d'Inde deux mois auparavant, là où la mousson et les quarante degrés ont fatigué le corps. Le décalage horaire dû au changement de continent laissant de légers inconvénients sur le sommeil. Les deux cent cinquante kilomètres à méditer en tournant autour du plus sacré des Stupas[2] à Bodhgaya[3] ont rendu l'être plus malléable et la clarté des pensées laissant présager de profonds changements.

Le regard intérieur aiguisé et la paix comme bannière, les instants ne seraient plus des ennemis. Ils se succédaient toujours plus purs et plus lucides que jamais, afin de continuer le

[2] **Stupa** : reliquaire à structure architecturale bouddhiste
[3] **Bodgaya** : petite ville à 14 kilomètres de Gaya dans la région du Bihar en Inde.

cheminement vers une libération totale de toute forme de souffrances. L'intuition titilla l'esprit à la suite de ce voyage et une pensée émergea clairement : « tu dois rencontrer Sa Sainteté le Dalaï-lama ».

Suite à cette intuition et après une attente où la patience prenait un air d'évidence, le prochain départ en décembre au même endroit se fit palpable une fois de plus. L'information venait de se préciser, Sa Sainteté le Dalaï Lama donnerait un enseignement exceptionnel cet hiver à Bodhgaya. A l'endroit où l'esprit reconnaît sa nature vide, où l'arbre de la Bodhi[4] étend son aura indescriptible.
Puis l'esprit en un bond, retourna vers le passé, observant en un instant le chemin parcouru depuis 1973, où l'émergence du premier enseignement du Bouddha apparaissant au creux de l'enfance.

C'était en été, la famille recomposée avait pour habitude d'aller faire des séjours en caravane à une centaine de kilomètres de Paris, dans une petite prairie à proximité d'une forêt. Endroit magique en pleine nature, où une enfant de trois ans, aînée de la fratrie, pouvait aisément avoir nombre de distractions. Une caravane exiguë pour seul logis, renfermant des curiosités assez étranges à comprendre. Le corps près du sol, il était facile d'apercevoir ces petits morceaux de bois surmontés d'une partie en fer où de petits animaux à quatre pattes, pris au piège, gémissaient. Restant figée devant la souffrance et l'odeur de la mort palpable dans l'atmosphère de cette caravane. La tristesse prenant naissance en l'esprit, sans aucune compréhension exacte de l'impact d'une telle vision.

Les jours de forte pluie, des processions d'énormes escargots cheminaient lentement vers un lieu secret par-delà le muret de pierres. Ils étaient si nombreux, avec leurs yeux-antennes s'agitant

---

[4] **Arbre de la Bodhi** : l'arbre où le Boudha atteint l'éveil, l'état où il n'est plus rien à apprendre, absence de tout forme de souffrance

dans tous les sens et cette lenteur légendaire rythmée par un sol accidenté. Leurs traînées de bave brillaient au soleil, laissant apparaître de petits arcs-en-ciel. Ignorant totalement la présence humaine, concentrés sur leur but indescriptible. L'émerveillement proche de la nature fut quotidien, comme le breuvage d'un élixir qui attise les sens et libère un enthousiasme euphorique.

Vivant avec trois adultes, un enfant et un bébé, les jours à la campagne s'harmonisaient avec le climat et les occupations de chacun. Quand le soleil s'installait pour la journée, les tâches ménagères se déroulaient en extérieur, vaisselle, repas et activités prenaient des airs de mises en scènes théâtrales.

Spectatrice des instants, s'amusant des situations et des attitudes les yeux écarquillés, un monde s'ouvrait à la connaissance. Tout devenait une possibilité d'expérimentation et les sens du corps commençaient à être plus proches, plus sensibles. La marche bien qu'encore un peu chancelante apportait une facilité à l'exploration approfondie du milieu. Crapahutant bien au-delà des limites fixées par les adultes.

Joie de l'eau

Par une magnifique journée ensoleillée, à quelques mètres de la caravane, le bac à vaisselle était laissé à l'abandon par des adultes occupés à pavoiser. L'appel de l'eau fut si puissant, que très vite le bac se retrouva entre les deux petites jambes et les mains prêtes à plonger avec euphorie.

En un instant, le bonheur envahit toutes les parties du petit corps, l'eau jouait à faire rire. Frappant les mains maladroitement dans l'eau, elle faisait gicler encore et encore, une complicité totale et un enthousiasme indescriptible s'installa. Le contact de l'eau dévoilé une douceur incroyable, chatouillant délicatement le visage. Les mains quant à elles, frappèrent de plus belle sachant que le rire en serait conséquence.

Le monde tout autour devenu lointain, sans aucune contrainte, laissa un bonheur fusionnel jaillir au contact de l'eau. Cette magie du moment, associant la découverte à la joie, faisait vibrer le petit corps au son des clapotis. L'eau vivait à travers les gestes, l'impression de jouer avec une amie de longue date, qui heureuse de ces retrouvailles chatouillait sans s'arrêter. Le rire raisonné au loin, le tout dans une présence authentique.

Puis tout à coup, tout bascula et cette joie innocente, vibrante de bonheur engendra quelques instants plus tard une violence incontrôlable. La stupéfaction et l'incompréhension se mirent tout à coup à tournoyer dans ce présent, où la peur n'a même pas eu le temps de prendre place en l'esprit.

De la colère à la compassion

Un visage rouge de colère surgit du dessus sur la droite, les yeux exorbités menaçants et la parole violente et dure. Les mains se figèrent en l'air et le corps tout entier s'immobilisa instantanément, quant au rire, lui, il s'échoua comme un écho dans le vent. Que se passait-il, s'interrogea l'esprit ? Stupéfait.
Le corps rempli de colère du monsieur Père se baissa et dans un geste d'une rare violence prit un des verres se trouvant dans le bac et le lança violemment dans celui-ci. L'esprit et le corps restèrent tétanisés, complètement détachés de cette violence incompréhensible. En levant la tête les yeux écarquillés, sans peur, comme pour observer de plus près ce visage incohérent, il se transforma en un instant en un visage compassionné et bienveillant.

Un des verres se trouvant dans le bac avait éclaté, des projectiles coupant profondément le visage innocent à différents endroits. Aucune douleur n'alerta l'esprit, le corps toujours tétanisé dans le temps. La lèvre inférieure coupée, le sang se répandit sur le corps, les yeux toujours rivés sur ce changement. Un visage colérique passant en un instant à la compassion avec la rapidité d'un clignement de paupières ! Comment est-ce possible ! pensa l'esprit « les adultes changent si vite ! ».

Avec regret et amertume, monsieur Père passa d'un visage à un autre sans comprendre lui-même la raison de cette action. Il allongea le petit corps délicatement, les yeux remplis de douceur et d'inquiétude. Il pansa les blessures, effrayé par ce qu'il venait de créer avec tant de rage. Une affectivité couleur d'amour prit place et tout en enveloppant le corps, son regard semblait dire « pardon, je ne voulais pas te faire de mal ».

Ces instants ne seront jamais négligés par l'esprit et le corps, quant à lui, en portera toujours les stigmates à l'âge adulte. L'impermanence venait de montrer un aperçu de son étendue et quand bien même l'expérience fut juste vécue par l'enfance, l'impact sur le continuum mental aura une allure de fondement dans le futur. L'esprit est changeant tout comme les instants, rien ne demeure figé et tout se transforme.

***

La réincarnation est un fait pour tout pratiquant bouddhiste et les expériences d'un continuum mental ayant pratiqué le Dharma dans une vie précédente, continuera son cheminement dans un nouveau corps au présent. Les acquis intérieurs devenant imperceptibles consciemment, prennent différentes apparences dans ce présent. Orientant la conscience sur le chemin qu'elle a choisi d'emprunter dans cette nouvelle existence afin d'atteindre son but ultime, l'état d'éveil pour le bien de tous les êtres.

L'entrée inconsciente sur la voie dans l'enfance

Au commencement l'amour, on se sent aimé à chaque instant sans connaître la racine de cet amour ou reconnaître l'affectivité de ses parents. L'esprit est comme hors du temps, il regarde ce qu'il vit de manière impersonnelle et perçoit des choses qu'il ne peut exprimer encore pendant l'enfance. Il a une vision de ce qu'il vit, sans pouvoir l'identifier réellement. Beaucoup de questionnements intérieurs et extérieurs, une curiosité exacerbée remplie d'intensité pour tout ce qui est, sans aucun partie pris ou favoritisme. Le rire et la joie sont constants et rayonnent tout autour, autrui le perçoit et l'attirance se crée de manière instantanée malgré des situations douloureuses.

L'impermanence du comportement

Lorsque les cinq sens du corps prennent le contrôle de l'esprit, c'est l'ensemble des aspects extérieurs qui définiront le mode d'être de l'individu. Passant d'un état d'esprit à un autre en fonction de ce qu'il voit, entend, sent, goûte et touche. Il est ainsi ballotté par une perception erronée du monde qui l'entoure.

Les réactions du corps et de l'esprit deviennent imprévisibles au vu de l'incapacité de concevoir un monde qui se transforme constamment, qui n'est jamais figé.

Chapitre II

Le quotidien de la peur

Le Dalaï Lama est la compassion incarnée, un être si pur qu'en prononçant son nom un immense bienfait envahit l'espace et une multitude de pensées vertueuses jaillissent en l'esprit. Être en sa présence ne serait-ce qu'un instant est un privilège, car son rayonnement empli d'amour élimine les pensées sombres et sa pureté libère de la souffrance. En un instant, tout devient aimant et tous les êtres reconnaissent leur vraie nature dénuée de toute illusion.

Après de grandes transmissions orales et des initiations reçues durant plus de vingt ans, Sa Sainteté est devenue un repère au sein du continuum mental. Le rencontrer une fois de plus, créera de nouvelles connexions subtiles pour ce qu'il reste à vivre.

Le billet d'avion déjà réservé, les rencontres et les interactions ultérieures vécues lors du précédent voyage préparent les causes et conditions propices pour celui-ci. Les instants se développent et l'intellect laisse libre cours à l'intuition qui s'installe au présent.

Le chemin jusqu'à ce jour fut jalonné de remises en questions, créant des bouleversements intérieurs et engendrant à leur tour des fluctuations plus ou moins profondes de la douleur. Le tout bercé par l'ignorance et l'illusion, accompagné de l'angoisse d'être authentique au quotidien.

Quand en 1974, dans l'appartement familial la peur prit une place prépondérante dans le quotidien, tout se transforma. A la manière de l'installation d'un nouvel élément dans un décor déjà existant, des changements se mirent soudainement à apparaître. La naissance du petit dernier accentua les différences, les deux premiers enfants issus d'un père kabyle algérien que Mère rencontra dans sa jeunesse et deux autres du monsieur Père. L'affectivité créera de nombreuses inégalités entre les enfants au sein de cette famille d'ouvriers.

Un foyer humble et confortable, un beau-père peintre en bâtiment et Mère apprêteuse dans un pressing. Tous les éléments permettant à une stabilité familiale toute relative d'être présente. Matériellement la famille ne manquait de rien, un chat et un chien du nom de « Pirouette » complétaient la fratrie.

La peur s'installa progressivement de manière insidieuse dans les cœurs. Le prétexte de l'éducation accordait à monsieur Père un large panel de punitions à infliger aux corps et aux esprits des enfants. Martinet, ceinture, extension des lobes d'oreilles, debout des heures dans un coin et contraintes en tous genres s'insinuant avec une intensité plus ou moins variable suivant l'humeur du moment.

Tout était sujet à la discorde et les moments de joie, devenus éphémères, finissaient par se noyer dans la masse des pleurs. L'école en journée devenait un répit, une bouffée d'air, un lieu où le costume du « tout va bien » faisait figure de parure. Personne ne devait soupçonner les douleurs naissantes. La peur créant à elle seule de bons acteurs, car rien ne laissait paraître le vécu du foyer familial. Au départ les souffrances infligées prenaient des visages plutôt subtils, avec des réprimandes bien ciblées et des discours engendrés par la soumission. La fréquence quant à elle, augmenta rapidement devenant plus violente avec des coups presque quotidiens. Le martinet était un objet très répandu à l'époque, un manche en bois surmonté de lanières de cuir utilisé pour intimider les enfants récalcitrants. L'outil de correction par excellence, que l'on trouvait en vente à cette époque sur les marchés parisiens. Monsieur Père en nouait les extrémités, histoire de rendre les coups plus incisifs sur les postérieurs. Avec petit frère, l'amusement d'arracher les lanières discrètement quand le martinet devenait accessible, créait de larges sourires.

Et en période de Noël, il n'était pas rare d'en trouver un neuf prenant place parmi les cadeaux sous le sapin. Ce qui faisait tomber les commissures des enfants, juste après avoir ouvert les paquets remplis de jouets.

L'école devint peu à peu, un endroit hors du temps avec l'impression d'apprendre des leçons semblables à des chimères, en comparaison des enseignements concrets de la souffrance. Elle paraissait si futile, quand, face aux violences de la soumission des esprits par l'intimidation, il fallait réagir avec acuité pour éviter les affres de la peur. Apprenant à lire et écrire, compter ou chanter, quand les instants en famille instruisaient sur la manière de ne plus subir une méchanceté stupide.

C'est à ce moment précis que l'enfance est devenue adulte, ce moment où l'innocence perdit de sa notoriété face au quotidien. Cette innocence parlant d'authenticité chez l'enfant devenue brutalement silencieuse, refoulée par la violence.

Chaque jour devenait une angoisse, une inquiétude grandissante : « qu'allait-il se passer demain ? et comment le vivre » se répétait l'esprit. La peur prit tellement de place, que la joie s'effaça totalement du présent pour ne devenir qu'un souvenir.

La boisson de feu (l'alcool)

Il y avait des habitudes au sein de cette fratrie, ne trompant aucunement celui regardant avec clarté les instants. Une certaine boisson rouge dont les adultes se délectaient pendant le repas, changeant rapidement leurs comportements. Etalant bien volontiers leur consommation à la journée entière en riant nerveusement.

La boisson de feu à l'excès transformait monsieur Père en méchant. Un simple mot, pouvait déclencher chez lui une rage ne s'éteignant qu'avec la violence.

Cette bouteille trônait fièrement chaque jour au centre de la table à tous les repas, on lui attribuait une place si importante, qu'elle devint progressivement le symbole de la peur et de la violence. Parfois, monsieur Père en glissait dans le verre des enfants, comme du sirop mélangé à de l'eau. Une idée très étrange au regard de cette saveur si nocive pour sa progéniture. Nombre de fois imaginant que son pouvoir dévastateur n'existait pas, l'esprit flânait à entrevoir des moments joyeux et paisibles parsemés de rires et de joies.

Les réunions de famille avaient, elles aussi, toujours une même finalité avec cette boisson de feu, les adultes laissaient ressortir des instincts primaires où la violence et la colère prenaient un air d'habitude. Une forme de toute puissance qu'ils pensaient avoir sur les instants, ignorant l'impact sur l'esprit des plus jeunes.

Les enfants se réfugiaient alors dans les chambres, apeurés, laissant libre cours aux comportements des adultes se laissant happer volontiers par diverses stupidités. La boisson de feu dévoilait des conséquences insoupçonnées sur l'ensemble des êtres vivant sous son influence. Livrés à eux-mêmes, observant l'attitude des adultes d'un air perplexe et surtout devenant beaucoup moins confiants quant à leur capacité à donner l'exemple. L'inquiétude grandissante à chaque instant faisait veiller l'enfant sur ses parents de peur qu'ils souffrent. Vomissements, jeu de brûlures, danses frénétiques tout en titubant de manière inconsciente en criant, laissaient des traces sur les esprits frêles. La boisson de feu devenait une ennemie et l'expérience de ses conséquences, une certitude de ne jamais lui donner d'importance dans le futur.

Quand la colère devient habitude

Quand la colère s'est installée dans le temps, elle trouva un terrain propice pour s'épanouir et prospérer. Il lui suffisait d'avoir l'écrin d'une famille recomposée où les êtres ayant vécu une enfance troublée eux-mêmes, s'autorisaient à laisser la stupidité prendre le dessus. Manque d'amour, parents violents, absents, la boisson de feu comme toile de fond donnait une légitimité à l'ignorance.

Avec tous ses ingrédients, la colère eut une facilité déconcertante pour conquérir les esprits de cette famille, dont le dédain du changement et des remises en questions accentuaient sa prestance. Une forme d'égocentrisme extrême, empêchant toute intrusion de l'harmonie et de l'amour en prétextant ne pas l'avoir connu soi-même plus jeune.

Au commencement, les violences liées à la colère se faisaient verbales, une sorte de prémices aux coups physiques à l'encontre de Mère. Le monsieur Père la rabaissait constamment devant les enfants, tout en prenant soin d'en faire croire le bien-fondé. Une démarche de soumission totale, corps et esprit, dont les effets le satisfaisaient pour ensuite lui demander un pardon illusoire. Il prenait à témoin les enfants plus grands et gare aux sourires sans contrôle ou la présence d'une contradiction quelconque. Les pleurs et la tristesse des enfants se faisaient plus intenses face à la souffrance de leur mère. Cet homme, dénué de compassion, insultant et dénigrant sans relâche, tirait une jubilation certaine à tyranniser sa famille.

L'impossibilité d'être soi-même avec ces rêves, son innocence, son insouciance. Juste ce sentiment haineux commençant à vouloir sournoisement prendre forme dans les cœurs et nul ne pouvait l'en dissuader. La soumission créait des esprits apeurés et fragiles, incapables de se mouvoir de l'intérieur pour entrevoir un quelconque changement.

En soirée les difficultés s'accentuaient, car l'appréhension d'une consommation excessive de la boisson de feu et de ces résultats faisait craindre une rupture de la tranquillité toute relative. Mère essayait de protéger sa progéniture ; difficile d'apaiser la colère quand elle prend appui sur l'ignorance et la stupidité. Les jours passaient et subir devenait récurrent, une résignation difficile à accepter par l'esprit.

Le plus souvent la violence remplaçait la colère, sa puissance était telle qu'elle insuffla à monsieur Père l'envie de mettre fin aux jours de Mère. C'est ainsi qu'un soir, l'endormissement fut impossible, l'intuition chuchota un danger imminent. L'esprit aux aguets et les sens en alerte, l'inquiétude prit tout l'espace, quelque chose allait se produire. Le silence pesant dans la maison indiqua le début d'une activité violente ; Mère et monsieur Père s'enfermèrent discrètement dans la salle de bain.

Devenue experte en mise en scène, en un bond les pieds se retrouvèrent au sol et les mains secouèrent petite Sœur pour la réveiller. Lui intimant l'obligation de faire semblant de pleurer tout en simulant une rage de dents. Le corps prit alors une attitude d'inquiétude à son égard, courant aussi vite que possible vers la salle de bain. Tapant avec vigueur à la porte tout en prétextant ces souffrances, appelant à l'aide, le faciès inquiet en prime. La porte s'ouvrit doucement, le visage de monsieur Père en disait long sur ses intentions. Venant d'interrompre son projet malsain, les bras mouillés jusqu'aux coudes, surmonté d'un visage déterminé à accomplir un geste irréparable. Derrière, Mère le visage trempé jusqu'aux épaules avec un air de soulagement. L'esprit comprit en un instant la situation venant d'être avortée, aucune réflexion ne sortit de la bouche de monsieur Père. Faisant mine de ne pas comprendre, retournant dans la chambre où petite Sœur s'était rendormie aussitôt. Attendant patiemment que le sommeil emportât les corps, pour enfin laisser l'esprit glisser vers l'inconscience.

Quelques mois passèrent, et sans raison apparente, après avoir bu sa boisson aux odeurs particulières. Il attrapa Mère par les cheveux, la traînant violemment dans le couloir en prétextant vouloir la jeter par la fenêtre du septième étage. Les enfants pleurant à chaude larmes s'agrippèrent à leur mère tout en le suppliant de la lâcher. Il finit par céder et retourner à ses occupations comme si rien ne s'était passé.

Que d'expériences où la peur prit tant de place dans le quotidien qu'il fut bien difficile de croire en autre chose. Difficile de contenir ce sentiment haineux voulant sans conteste prendre une place prépondérante en l'esprit. Après ces expériences, âgée d'à peine sept ans en 1977, la vigilance serait une arme contre la violence afin de protéger et d'accompagner Mère, les frères et sœur.

La vision de la soumission et de la peur dans le regard des êtres aimés, serait à tout jamais le moteur d'une liberté intérieure et extérieure toujours plus expressive au fil du temps.

L'affectivité illusoire

L'affection n'a pas eu de place durant cette période, à tel point, qu'elle paraissait éphémère et source d'incompréhension quand elle était vécue. Une sorte d'absence très remarquée, tout en étant incompréhensive sur ce qu'elle devait procurer physiquement et mentalement. Les seules références à l'affection furent les marchandages et les sourires faussement gentils, qui auraient pu prendre plus de place s'ils n'avaient pas eu un goût annonciateur d'hypocrisie.

Entre trois et sept ans, la relation parent-enfant avait la saveur de la réprimande ; la joie cherchait toutefois à s'installer par intermittence, sans véritable succès.

Monsieur Père essayant de distraire en créant des jeux utilisant le plus souvent la musique comme support. Après l'écoute d'un disque de son chanteur préféré, les enfants devinaient à tour de rôle le titre de l'album, de la chanson. Les ayant entendus de manière constante pendant longtemps, les réponses sortaient spontanément. A y regarder de plus près, ces chansons avaient des paroles évocatrices comme « les coups, oui sa fait mal, oh oui ! ». D'autre fois, il aimait à mettre en compétition les enfants, en sachant pertinemment que les différences d'âge insuffleraient une inégalité flagrante. Créant un rapport de force inévitable dans la fratrie pour ensuite montrer son autorité à qui voulait l'entendre.

Les souffrances arboraient de multiples visages, à l'intensité variables et à la diversité surprenante. Tout comme ce jour où le boudin noir (sang d'animaux) fut le plat d'un repas de midi et se délecter de sang animal cuit ne plaisait aucunement au corps. Devant le refus catégorique de s'en nourrir, il fut ordonné de rester à table et de finir ce plat. Au bout de plusieurs heures assise dans la cuisine, l'esprit laissa l'intellect prendre les devants et trouver une solution satisfaisant le corps. Il fut décidé après maintes réflexions sur les conséquences, de le jeter discrètement par la fenêtre, tout en faisant mine de l'avoir dans la bouche au moment où Mère entrerait. Manque de chance, une trace du méfait resta sur le voilage blanc de la fenêtre. Quand Mère entra en cuisine, elle aperçut cette tâche et appela aussitôt monsieur Père, constatant un boudin noir gisant sur le sol sept étages plus bas. Les pigeons, ayant saisi l'occasion de remplir leur estomac, se délectaient déjà de celui-ci. Avec rage, monsieur Père ordonna à petit frère d'aller le chercher et le remit dans l'assiette afin qu'il soit entièrement mangé.

Ce jour-là, Mère pensait agir au mieux sans le moindre discernement et perdait de sa crédibilité affective, elle aussi. Un sentiment de profonde solitude s'empara soudain de l'esprit, personne ne voulait entendre, personne n'était là pour aimer. Constatant avec tristesse que cette même solitude permettrait peut-être de ne plus subir les instants. Étrange sensation qu'une enfance à être seule tout en étant entourée, une enfance d'adulte pour ne pas sombrer. Ne connaissant pas les bras protecteurs de l'affection, ni les discours apaisants de l'amour, les enfants furent soumis à nombre d'expériences liées à ces absences par la suite.

***

La voie au quotidien durant l'enfance

Le Dharma dans le quotidien empêcha la haine d'être une réponse à la colère et la violence. Donnant de la clarté aux situations de douleur pour les vivre et non les subir. Une intuition exacerbée insufflant la conduite à tenir, créant des réactions fluides et justes. Le sourire et la joie dans les moments de répit des situations conflictuelles, comme pour faire un pied de nez à l'ignorance et la stupidité. Une vision de la beauté ne ternissant pas malgré les souffrances. Une sensation enveloppante d'être aimé toujours plus présente, un intellect réactif et pragmatique pour élaborer des solutions et les mettre rapidement en pratique.

Compassion

Elle naît du plus profond de l'être comme une évidence, un élan de la nature fondamentale présente en chacun. Un rayonnement sans description, ni influence quelconque, elle brille simplement en la laissant prendre la place qu'elle occupe de fait. L'esprit dirigeant toute son attention vers l'autre, étant capable de ne jamais haïr, de ne jamais ressentir de colère et qu'en échange de la souffrance, il sait aimer. Accède à un état compassionné. Il s'abandonne pour que l'autre ne souffre pas de ce qu'il engendre, il s'abandonne pour ne pas souffrir lui-même.

Chapitre III

Vivre pour ne pas subir

Bodhgaya, un lieu mythique pour tout pratiquant bouddhiste, se situant en Inde du nord. Une extraordinaire énergie se dégage de ce lieu où des milliers de personnes tout au long de l'année viennent s'y recueillir, faire des offrandes et pratiquer différentes méditations. Une énergie revitalisante, car les êtres y déposent des pensées vertueuses pleines d'amour et de paix pour tous.

En occident, le bouddhisme est arrivé d'orient il y a de cela cent cinquante ans, l'équivalent d'un enfant essayant de se tenir debout à l'échelle de sa présence en Inde.

Participer à des enseignements en France demande d'avoir une bourse bien remplie, car les prix sont exorbitants. Les personnes les plus pauvres n'ont pas accès aux enseignements du Bouddha. Parfois on leur accorde le droit d'y participer moyennant leur temps, ce qui rend la qualité de concentration et d'écoute difficile à la transmission.

En Inde il y a plus de 2600 ans que le Bouddha a transmis son premier enseignement, l'enfant et devenu adulte, marche sereinement. Les monastères sont nombreux et accueillent les enfants confiés par leurs parents pour recevoir une éducation monastique de qualité. Ils peuvent accueillir plus de 8000 moines ou nonnes de tout âge pratiquant des rituels réguliers pour le bien des êtres.

De grands érudits tibétains donnent des enseignements de manière constante et la qualité des transmissions est d'une clarté originelle totalement gratuite. Toutes les lignées sont représentées et les maîtres voyagent à travers le monde, diffusant l'essence pur des enseignements du Bouddha. Sa Sainteté le Dalaï Lama est très présent en Inde et son aura est colossale ; à lui seul, il génère nombre de sympathisants à travers le monde. Œuvrant sans relâche depuis son exile en 1959 en Inde du nord à promouvoir et faire prospérer les enseignements du Bouddha et la paix entre les peuples. Les pratiquants ont tous les éléments pour transformer et développer leurs capacités innées afin de devenir de grands érudits. Les reconstructions de grands monastères comme Séra, Drépung ou Ganden, répliques identiques de ceux détruits au Tibet, font de l'Inde le berceau du Bouddhisme dans le monde.

Bodhgaya est le lieu où tous les Bouddhas du futur atteindront l'éveil ultime. Le lieu suprême où année après année, le corps et l'esprit retourneront inlassablement tant que cela sera possible. Par amour pour les êtres et pour leur être bénéfique, méditant continuellement autour de l'arbre sacré.

Quelle utopie ! pendant de nombreuses années à se chercher intérieurement seule, allant toujours d'un point A vers un point B en marchant en pleine nature pour développer une sérénité illusoire. Et découvrir après une transformation effective de l'intérieur, qu'en tournant autour de l'arbre sacré l'esprit devenait plus malléable instantanément. S'apaisant doucement au contact de ce lieu tout en s'habituant à la constance de la méditation.

Les billets de train de Delhi pour Gaya sont réservés, le déroulement du voyage est dans l'esprit. Comme une visualisation de l'ensemble qui sera vécu, prédisant toujours un voyage rempli de bienfaits.

Cette fois-ci ce n'est pas le matériel médical qui sera majoritaire dans le sac à dos, se sont des fournitures scolaires, des vêtements et des jouets pour les enfants. Nombre de villages près de Bodhgaya sont dénués de tout et leur apporter un moment de bonheur avec le sourire leur réchauffera le cœur. Lors du séjour précédent, trois dispensaires ont bénéficié de dons, facilitant leur travail bénévole auprès de la population. Deux dispensaires au Népal, à Katmandou et Pharping[5] et un en Inde à Bodhgaya, dont les actions auprès des personnes les plus pauvres sont exemplaires. A chacun des voyages nombre de donateurs en France ressentent une profonde compassion pour les plus démunis. Ils participent à rendre ces voyages plus authentiques, faisant contribuer ainsi dans un même élan, le corps, la parole et l'esprit. C'est avec une énergie telle que celle-ci que l'enfant du passé observe les graines qui ont été semées, il y a fort longtemps.

En 1977 et 1978, vivre et subir avait un goût de conflit, une sorte de combat intérieur ne trouvant aucune issue. Tout le vécu ne se résumait qu'à une seule saveur : la souffrance ; donc, la vivre pleinement avec toutes ses complexités fut le seul moyen de ne pas subir ce présent violent. Et pour ne pas subir, il fallait analyser ses souffrances en les décortiquant minutieusement, instant après instant, et permettre à une compréhension logique de naître en l'esprit. L'observation devint une contrainte à la survie. Inlassablement scruter encore et encore ses souffrances, développant avec le temps un regard intérieur aiguisé jusqu'à en percevoir la quintessence logique. Tout comme l'on regarderait une sphère sous différents angles, les racines de chaque souffrance subissaient une analyse minutieuse et profonde.

A partir de cette analyse logique où les causes et les effets devinrent une compréhension surgissant de manière semi-consciente. La recherche d'une solution viable pour ne plus subir allait accaparer tout le temps. Devenir une quête subtile et concrète à la fois, dans l'appréhension des instants quels qu'ils soient. L'observation des conséquences de chaque acte, de chaque parole et par la suite de chaque pensée, même les plus grossières, devenait petit à petit un élément de base vital. Une sorte de protection pour ne pas sombrer dans une haine cherchant insidieusement à s'insérer dans le cœur et y établir son royaume.

⁵ **Pharping** : Ville située à 14 km de katmandou au Népal.

L'instigatrice de cette rencontre intime atypique et par voie de conséquence de ce vécu entre Monsieur Père et Mère, fut la sœur de Mère. En effet, elle avait épousé le frère de monsieur Père. Donc, deux frères et deux sœurs se marièrent ensemble et avec eux une famille restreinte et recomposée dont les grands-parents furent inexistants. Mère en ce temps-là, avait déjà donné naissance à deux enfants de son amour de jeunesse, et sa première grossesse à l'âge de 18 ans changea totalement le cours de son existence. Cet homme de confession musulmane ne voulut accorder aucune légitimité à l'enfant et fuira lorsque à la naissance du second un an plus tard, abandonnant Mère sans remords.

Elle eut ensuite deux autres enfants avec monsieur Père, créant ainsi une situation conflictuelle au sein du couple et engendrant de nombreux problèmes administratifs. Finissant par s'estomper quand monsieur Père adopta les deux premiers enfants de Mère.

En ce temps-là, ces états de fait n'étaient aucunement dévoilés aux enfants, personne n'en parlait et tout le monde s'en accommodait. Pourtant, les effets de telles bases de vie créeront plus tard de nombreuses dissensions et les véritables liens prendront une part très présente dans le futur.

C'est à cette époque, après deux ans de vie commune, que monsieur Père prit pour habitude chaque jour de boire l'eau de feu, changeant totalement son attitude. Sa colère intérieure, si puissante, surgissait sans crier gare, à la manière d'une énergie colossale cherchant à être expulsée d'un corps trop exigu.

Les punitions subies par les enfants de cette famille devenaient complètement dénuées d'humanité avec le temps. Tout comme faire manger des os de poulet à un enfant durant tout un après-midi sur une chaise au milieu du salon.

Comment une telle pensée pouvait naître dans un esprit ! Et pourtant, il fallait le vivre. Le souvenir de l'acte ou la parole qui engendra une telle punition s'est effacé de la mémoire, pourtant au vu du résultat cela devait être très condamnable !

Commençant par subir cette situation, l'esprit modifia sa portée au vu de son absurdité. Elle devint très amusante, car personne ne se souciait de savoir où les restes des os ne pouvant être avalés finissaient. Cette punition se transforma en un véritable amusement, et les projeter avec la bouche, les faisant ainsi glisser sous les meubles, fut un enchantement. Il fallait viser juste avec concentration afin que rien ne soit visible. La punition n'était plus subie, elle devenait même source de divertissement. Imaginer Mère les trouvant en faisant le ménage arrivait à faire naître le rire.

C'est en transformant la manière de percevoir la punition que la soumission céda la place au divertissement.

Quand aux frères et sœur, plus jeunes, ils ne vivaient pas les souffrances avec la même acuité et le choc émotionnel devint pour eux beaucoup plus violent. Tyrannisés et dévalorisés constamment, ils furent un terrain propice aux graines nocives qui se mirent à germer en eux, préparant le terrain à une récolte de fruits sans saveur. Ils subissaient la moindre punition et même si parfois elle pouvait être légitime dans une moindre mesure, la haine commença à se faire une place dans leur cœur. Les protéger du mieux possible devenait chaque jour une évidence constante, bien plus puissante encore au regard de leur ignorance face à la soumission grandissante.

La souffrance du savoir

L'école, un lieu où la vie de famille n'avait pas sa place et les connaissances intellectuelles comme lire, écrire et compter, semblaient aisées et plaisantes. Même si l'école ne se résume pas qu'à cela. Le savoir intellectuel scolaire, une richesse ne donnant aucun point d'appui pour comprendre les méandres de la conscience. Apprenant à développer un aspect restreint de l'esprit ; la connaissance primordiale du regard sur son intérieur, ses émotions, était négligée et reléguée à une futilité incombant aux parents. Observer son esprit et apprendre de lui ne faisait aucunement partie des programmes scolaires. Cette aptitude fondamentale pour l'équilibre de l'enfant, lui permettant d'avoir les outils nécessaires à son épanouissement, était ignorée. Son goût d'absence au contact de la vie scolaire développera un désintéressement progressif.

Les pensées et l'impact qu'elles peuvent avoir dans le quotidien permettent d'apporter un certain équilibre en ayant des réponses en cohérence avec le vécu. De transformer des aspects émotionnels négatifs afin de les rendre constructifs et riches de logique.

A l'époque, personne ne pouvait donner une réponse à des questions intérieures fondamentales telles que : « Pourquoi souffre-t-on ? » « Que doit-on faire face à la violence ? ». L'environnement se voilait facilement la face pour ne pas avoir à réagir, les êtres souffraient en silence sans avoir la sagesse de ne pas subir leur vie. La réponse des adultes à la souffrance était la plupart du temps : « ça ira mieux demain ! » ou bien « tu es trop jeune pour comprendre ! ». Ces mots martelés à longueur de temps, finissant par insinuer l'incapacité de l'adulte à apporter une réponse aux interrogations liées à une démarche intériorisée.

A l'école primaire, le monde enseignant à Paris en 1978 n'avait aucune possibilité de déceler le mal-être émotionnel et la maltraitance de certains enfants.
Le fait de ne pas subir les violences en cherchant constamment à en comprendre la saveur accentuait la vie au présent. Dissimulant ainsi farouchement une vie de famille peu envieuse.

Suite à un coup de bâton reçu de Mère sur la hanche, l'hématome fut si grand qu'il dépassa du short en cours de gymnastique. L'assistante sociale de l'école le vit, demandant comment il était arrivé là avec ce regard perplexe, ne dissimulant que très peu son jugement. Ces intentions très vite cernées, la réponse fut fluide, l'informant que l'hématome venait d'une chute dans la cour. L'esprit bien présent dans cet instant, ne laissant planer ainsi aucune ambiguïté. La protection au centre de cette réponse, car impensable de faire subir à Mère une autre source de problèmes. Une fois de plus, il fallait être consciente des conséquences et le mensonge fut parfois utilisé en guise de protection à cette époque.

L'école devint avec le temps un apprentissage secondaire et le savoir qu'elle proposait, un goût de finalité sans grand intérêt. Quant à la souffrance, elle engendra une compréhension du fonctionnement complexe de la pensée. Ce savoir si précieux permit de ne pas mourir de l'intérieur, de développer un esprit logique et rationnel, ce que l'école ne semblait guère comprendre.

De l'analyse à la mise en pratique

Les connaissances liés à des confrontations avec la peur, la colère, la maltraitance, occupaient l'essentiel du temps intérieurement. Cherchant inlassablement de quelle manière il fallait les vivre pour ne pas les subir et par voie de causalité en souffrir.

Regardant directement une situation douloureuse, elle pouvait de temps à autre laisser émerger une faille, une nouvelle manière de l'appréhender pour être vécue différemment. Tout comme l'on visualiserait une souffrance sous la forme une sphère flottant dans l'espace, que l'on regarderait sous des angles différents en tournant autour d'elle. Explorant ainsi différent angle d'approche pour en analyser sa racine. Ensuite, il fallait faire des essais adaptés au quotidien à la façon d'un scientifique, étudiant les causes et les effets jusqu'à une compréhension globale de l'expérience. Dévoilant ainsi un mécanisme particulier intérieurement et les répercussions vers l'extérieur.

Le premier angle de vue de cette analyse, fit son apparition après avoir saisi le processus et l'impact de l'eau de feu sur monsieur Père. En effet, la moindre provocation ou contradiction faisait naître une colère empreinte de rage. Il fallait donc faire attention aux attitudes, aux mots, aux actions et à ce qu'ils engendraient. Bien entendu, c'était sans compter sur les points d'appui de l'ignorance et de la stupidité, mettant à mal le regard sur les différentes options.

Monsieur Père arrivait à utiliser une multitude de supports à sa violence, comme la vaisselle mal lavée, le linge pas repassé ou encore le café mal réchauffé. Rien ne pouvait limiter cet état grandissant de donner une base à la stupidité associée à une méchanceté exacerbée.

C'est ainsi qu'à l'occasion d'une soirée en famille, le cocktail de la bêtise, de l'ignorance, de la boisson de feu et de la violence fut à son apogée. Monsieur Père détruisit en quelques instants tous les meubles du salon en lançant violemment un marteau dans les vitrines, tout en ricanant nerveusement. Le plus pervers dans cette situation fut certainement ce ton violent avec lequel il obligeait le plus petit des enfants, terrorisé, à ramasser le marteau pour le lui remettre. Il installait ainsi son autorité sur une soumission malveillante et une violence intimidante, mélangées au passage à l'amour parental. Après cet épisode, constatant qu'il pouvait manipuler les esprits à sa guise, monsieur Père devenait incontrôlable.

Après de nombreuses réflexions quant à la manière de répondre à ces états de colère, la seule réponse logique montra enfin sa cohérence. Lassés par tant de stupidité, le corps et l'esprit restèrent simplement figés, en fixant un point sur le mur d'en face. Stoïque sur la banquette, malgré les hurlements et les insultes en tout genre, répétant intérieurement ces mots en boucle : « je ne suis pas là, je ne peux pas être là, je ne veux pas être là, je ne suis plus là … ».

Une force incroyable se dégagea de cet état, associant simultanément l'absence de réaction physique, un regard vide et des réflexions répétées en boucle dans l'esprit. Rien ne pouvait atteindre la paix qui s'était installée à l'intérieur. La colère, ne pouvant à ce moment-là prendre appuie sur l'absence de réaction, se calma et se tut.

La première pratique méditative venait de naître en l'esprit, procurant le calme intérieur face à la colère de l'extérieur ; elle restera à tout jamais un point de référence. La solution venait de naître juste à cet instant et avec elle, la fin d'une soumission à la violence et le début d'une autre réalité. Celle d'une compréhension intime pour répondre à des situations dénuées de toute raison, dénuées d'entendement, où la stupidité, l'ignorance et la colère n'auront plus le pouvoir de créer la peur.

Protéger et veiller

Rien ne serait plus comme avant, car même si la situation globale paraissait identique, l'impact sur l'esprit deviendrait totalement différent. Avec l'armure de la compréhension, la violence n'eut plus jamais la même emprise. La vigilance prit alors un rôle de premier plan, se faisant primordiale pour ne plus succomber et protéger les êtres subissant les violences verbales et physiques en profondeur.

Les nuits de cette époque étaient étranges, le sommeil ne venait que très tard de peur qu'une situation irréparable n'arrive. Veillant discrètement sur Mère, les frères et sœur, essayant de les protéger de la haine avec plus ou moins de succès en fonction des circonstances. Durant la journée à l'école, la fatigue se faisait sentir, il devenait difficile de se concentrer. L'inquiétude si grande dominait toutes les activités et la vigilance créait des réflexes absents auparavant.

L'insouciance et l'innocence de l'enfance s'éloignant définitivement, remplacées par différents comportements d'adulte. Une sorte d'attitude protectrice mêlée à de l'intuition, étant généralement attribuée aux rôles des parents. Regardant les autres enfants vivre leur naïveté, avec cette petite innocence chaleureuse au contact de leurs parents. Un sourire apparaissait sur le visage, se satisfaisant de leur bonheur.

Ils étaient si heureux, « comment vivaient-on un tel bonheur ? ». Vivre l'amour et l'affectivité à travers le regard des autres enfants devint une habitude. Laissant l'imagination idéaliser la famille parfaite, sans coups, sans peurs et sans larmes. Le manque d'affection n'empêcha à aucun moment de ne pas savourer ces moments de ravissement qu'autrui vivaient avec tant d'authenticité.

A Noël, il y avait des cadeaux, cachés dans l'appartement de manière grossière, leur trouvaille fut aisée et chacun connaissait en avance le plaisir qu'il ressentirait. La mise en scène du Père Noël qui frappait à la porte devenait une franche rigolade entre les enfants faisant fi d'une telle étrangeté. À certains moments, l'oubli du quotidien laissait apparaître quelques rayons de lumière et les cadeaux de Noël en faisaient partie.

Pourtant, quand l'enfance est prise au piège par un quotidien d'adulte, les jouets prenaient eux aussi un sens différent. Ils perdaient de leur attrait, ne créaient plus aucune distraction enfantine utilisant une imagination débordante et naïve quelconque. Quand sous le sapin trônait une poupée avec son cheval, le cheval devenait plus attrayant par son aspect véritable dans la vie. Il y avait aussi des jeux intelligents, associant sons et couleurs, développant ainsi une mémoire visuelle et auditive très utile pour le futur.

Mais à l'heure où les enfants caressaient des doudous avec lesquels ils pouvaient ressentir l'affection et la douceur parentale les rassurant la nuit, pour d'autres, la peur les éloignaient de la peluche. Il n'y avait pas d'instants affectueux, aucun câlin, aucune parole aimante. En compensation, juste un index sécurisant constamment dans la bouche durant la nuit. C'étaient des instants vibrants d'authenticité, ou la vérité concrète d'une enfant dégageant une solitude intérieure incompréhensible, paraissant toujours plus vaste avec le temps.

***

Présence de la voie, maturité du comportement

Une enfance adulte, c'est ainsi que l'ont peut définir le Dharma à cet époque. Un corps d'enfant et un esprit mature, prenant comme message ce qu'il vit et arborant des affinités avec le subtil que nul ne lui a enseignées. Présence dans l'instant, qui même vague ou inconscient insuffle les comportements et actions à adopter, celles à éviter ou rejeter. Un guide intérieur dont les résonances se répercutent vers l'extérieur, donnant un élan courageux et une volonté inébranlable face aux douleurs du présent.

Prise d'appui sur les souffrances en les analysant, pour ensuite chercher à s'en libérer de l'intérieur par la mise en pratique.

Compassion et protection

L'amour pour l'autre prend de plus en plus de place intérieurement, à un point tel que les douleurs des êtres deviennent comme un parfum dans l'atmosphère. L'attirance irrémédiable de l'esprit compassionné pour ces êtres qui souffrent lui permettra de développer la capacité de se mettre à leur place. Il pourra ainsi comprendre la racine d'une souffrance et observer la manière dont son esprit réagirait face à elle.

La compassion devient alors une aptitude se prolongeant au corps, devenant ainsi un outil de protection pour les êtres. Si une situation dangereuse à besoin d'une réaction physique, le corps et l'esprit s'uniront pour intervenir sans la moindre notion de danger pour soi.

Deuxième partie

Au gré des êtres

Éducation par les instants

L'enfance de la plupart des êtres vivants est marquée à l'âge adulte, par l'éducation et l'affection des parents. Quand ceux-ci sont absents ou inexistants, pour certains une forme de survie intérieure se met en place. L'enfant se met à utiliser ou imaginer ce que les instants lui transmettent, il s'éduque lui-même à travers son vécu. Absorbant au gré des rencontres des réflexions fondamentales qui jalonneront son existence, tout en étant relié à un élan intérieur propre à sa conscience profonde.

La diversité et la multitude de situations et de rencontres dans l'enfance, se poursuivant ainsi à l'âge adulte, engendrent un vaste panel d'intérêts et d'apprentissages. Que les situations soit agréables ou pas, joyeuses ou tristes, violentes ou paisibles c'est, sur l'impact de celles-ci après analyse de l'esprit qu'une base intérieure naîtra. Elles deviennent conscientes, claires et les résultats de leur logique par l'esprit en tirent une substance éducative spirituellement.

Lorsque la maltraitance entre dans l'équation, l'enfant peut perdre totalement la confiance qu'il plaçait en l'adulte et construire un mur autour de lui. Il crée une sorte de protection intérieure, croyant ainsi limiter l'impact de la souffrance engendrée par les relations extérieures. Le mur devenant de plus en plus épais au fil du temps, l'enfant peut se perdre en lui-même et devenir dépendant de sa souffrance. Il peut la subir toute sa vie durant, sans en comprendre la racine. Bien entendu, au vu de la multitude de vécus différents avec toutes les particularités propres à chaque conscience, il serait bien ignorant d'en résumer l'expérience simplement à celle-ci.

Avec l'humour, la joie et la curiosité comme bagage, il fut aisé d'attirer à soi de manière inconsciente, des êtres pourvus de certaines qualités humaines devenant bien malgré eux des phares dans l'obscurité. Les situations montraient le chemin à suivre et l'intuition empêcha l'ignorance d'égarer l'esprit, malgré la profondeur de certaines souffrances. Les analyses de chacune d'elles permettaient d'avoir des angles de vue différents, une approche toujours constructive intérieurement face à leur complexité et leur intensité. Le tout enveloppé par un amour inexplicable, s'insinuant à chaque instant dans le quotidien.

Sans aucune connaissance de l'affectivité parentale, il fut possible d'aimer et de se sentir aimé de manière inconditionnelle. Une conviction profonde que l'amour et la compassion rayonnaient tout autour et seraient un fondement aux actions à travers le temps.

Chapitre IV

La fuite comme évidence

Sa Sainteté le Dalaï Lama va donner cinq jours d'enseignements à Bodhgaya, une réelle opportunité de pouvoir planter de nouvelles graines, d'arroser celles déjà existantes ou bien de désherber le jardin intérieur. D'être au contact d'une puissante compassion illimitée, de prendre appuie et de poursuivre le chemin.

« Votre Sainteté, votre Sainteté, comme un phare dans l'obscurité, vous éclairez les égarés et remettez sur le droit chemin celui dont le cœur est troublé. Traversant les méandres de l'existence avec pour seul habit le Dharma et pour seul compagne la solitude. Puisse tous mes actes être aussi purs que l'eau descendant d'une montagne, ma parole être libre de l'illusion et mon esprit être aussi vaste que l'espace. Ainsi, en prenant comme exemple votre humilité, puisse-je un jour répandre un tout dans le tout, pour le bien de tous les êtres.»

Le voyage s'annonce riche de nouvelles rencontres, de retrouvailles et de pratiques spirituelles pour l'essentiel. L'endroit où dormir est réservé, l'inscription aux enseignements devrait être finalisée et il ne restera plus qu'à emmener le corps, le jour venu.

Au moment où la pensée se laissa imprégner du futur, l'esprit insuffla un élan vers le passé ; le laissant partir à sa guise, il montra la profondeur d'une souffrance mise sous silence par toute une culture.

En 1978 en France les femmes battues se faisaient discrètes de peur de subir une violence accrue de la part de leur conjoint. Elles subissaient les humiliations, les coups, les insultes dans un silence général. Les familles les persuadaient qu'un changement pourrait advenir avec le temps si elles s'en accommodaient. Livrées à elles-mêmes, personne ne les entendait et parfois elles mouraient dans l'indifférence la plus totale. Le culte de l'homme dominant chef de famille exerçait un pouvoir non dissimulé sur les femmes et les enfants. Les structures pour protéger ces femmes, ou juste la prise de conscience de cet état de fait, étaient rares à l'époque. Le courage de celles osant en parler, osant juste vouloir ne plus subir, sonnait le début d'un périple tout aussi dévastateur avec les différents acteurs sociaux. Décourageant le plus souvent certaines d'aller au bout de leurs actes. Et ensuite, fallait-il encore braver ses peurs et préparer le départ du domicile conjugal avec les enfants, sans que le persécuteur ne s'en doute. Un vrai défi pour une femme se retrouvant, face à de telles circonstances, seule et dépourvue d'appui.

Quand aux enfants battus, ils devaient se protéger de leur père et de leur mère à la fois. Les recours inexistant pour l'époque et le milieu scolaire n'intervenant que peu quand ils décelaient une situation de maltraitance enfermaient l'enfant dans une certitude que l'adulte ne créait que souffrances.

Ils grandissaient dans un climat de peurs et d'angoisses, devenant à leur tour des adultes maltraitants, convaincus du bien-fondé de ce mode de vie. Très peu d'enfants arrivèrent à trouver un équilibre en pareil climat. Cherchant à oublier coûte que coûte leur passé en consommant, une fois adultes, alcool et drogues de toutes sortes. Ainsi, les mères ayant eu le courage de fuir donnaient ainsi une chance à leurs enfants de mieux vivre. En supposant qu'un foyer de l'assistance publique serait plus épanouissant qu'une maltraitance familiale.

La décision d'adulte

En ce temps là, en 1978, Mère ressentait une peur si puissante à l'encontre de cet homme et des violences qu'elle subissait, qu'une réflexion profonde commença à émerger en elle. Elle essayait de ne pas le montrer à ses enfants, croyant ainsi les protéger de son cœur triste et vide. Son visage s'éteignit progressivement et son sourire devint nerveux, cherchant désespérément une solution pouvant lui permettre de se mettre à l'abri avec ses enfants. Bien entendu personne autour d'elle ne la croyait capable d'être libre ; une femme soumise à la violence depuis cinq ans l'est toute sa vie pensait-on. Surtout avec quatre enfants en bas âge, allant deux à huit ans. Il fallait une force si colossale pour cette époque que rares étaient les femmes osant s'affranchir d'une telle situation. Pourtant Mère voulait à tout prix faire cesser cette vision dévastatrice de ses enfants subissant autant de violence. Les protéger de cet homme qu'elle leur avait imposé devint sa quête et comme seule alternative à celle-ci, la fuite.

Fuir pour aller où, et comment ? Ces questions devaient résonner dans son esprit jour et nuit, car il fallait penser à toutes les éventualités. Elle contacta en secret une assistante sociale, l'aidant à y voir plus clair quant aux possibilités et différentes démarches afin d'entreprendre ce nouveau départ.

Une première fois, la fuite du domicile fut avortée, et avec elle un profond désespoir pour Mère, qui, se laissant happer par la peur, ne put trouver la force nécessaire. Elle se sentait si démunie face à cet homme, observant sa faiblesse de ne pas réussir à mettre ses enfants à l'abri.

Peu de temps après, au petit matin, Mère déterminée alla à la chambre, se pencha au-dessus du lit et dit : « tu restes avec lui ou tu pars avec moi ? Il n'est pas ton père ». A ces mots, le corps fit un bond et, la regardant droit dans les yeux, lui répondit : « je pars avec toi bien sûr, je suis contente qu'il ne soit pas mon père. ».

Ce fut à ce moment précis, connaissant l'exactitude du vécu qu'un choix émergea. La première décision d'adulte consciente venait de naître. La certitude et la conviction de celle-ci alors âgé d'à peine huit ans. La certitude et la conviction de celle-ci sera le point de départ d'une autonomie intérieure plus spacieuse âgée alors d'à peine huit ans. Sans se retourner, sans aucune hésitation, il fallait tout abandonner : repères, sécurité matérielle et enfance ; le départ, enfin !

A cet instant tout était joué, Mère dit à monsieur Père au téléphone sur un ton déterminé : « je pars avec les enfants, maintenant ! », ce à quoi il rétorqua : « je garde ma fille, et si tu pars, je me tuerai avec elle ! ». L'esprit de mère fut envahi par la peur, mais sa détermination était telle que rien ne put la détourner de son objectif, pas même ces menaces.

Mère inquiète, terrorisée, se retournait sans cesse en chemin pour être sûre que personne ne la suivait ; l'angoisse se lisait sur son visage. Voir cet homme surgir du coin de la rue, la ramenant de force au domicile, était une anxiété bien réelle qui la tiraillait de l'intérieur.

Quelle puissante détermination elle déploya à ce moment-là, devenant à chaque instant un exemple pour tous ceux ayant des doutes sur sa capacité à protéger sa progéniture. Tout ce petit monde s'engouffra dans un taxi et partit à la rencontre des membres de la famille afin de savoir s'ils pouvaient apporter une aide quelconque. Un dernier espoir, dont l'issue aurait pu être une délivrance à ce moment précis. Quant à petite sœur, Mère contacta au plus vite la brigade des mineurs, en expliquant les intentions de cet homme et leur intimant l'obligation de lui en retirer la garde sur-le-champ. Ce qu'ordonna le juge des enfants, qui fit récupérer petite sœur au pied de l'immeuble, sans laisser d'autre choix à monsieur Père. Ils en confièrent la garde plus tard à la sœur de Mère et à son mari, la soulageant d'un poids difficile à porter.

L'illusion de la famille

Avertie de notre arrivée, la sœur de Mère, son époux, un autre frère de monsieur Père et sa femme, arrivèrent ensemble devant le taxi. Ils nous expliquèrent en quelques mots qu'ils ne pouvaient apporter la moindre solution à cette situation. Qu'il fallait que Mère se débrouille seule dorénavant avec sa décision.

Bien entendu, l'époux de la grande sœur de Mère n'était autre que le frère de monsieur Père, il fut ainsi aisé de comprendre qu'il ne souhaitait pas se retrouver dans un tourbillon conflictuel avec son frère.

Mère ne put recevoir aucune aide de sa grande sœur et en un instant, la folie s'empara de tout son être. Elle se mit à crier, à pleurer en gesticulant de douleur en pleine rue. Comprenant à ce moment-là que sa propre famille ne l'aiderait pas.

Regardant avec effroi une telle douleur jaillir de Mère, tous ses enfants se mirent à pleurer en s'accrochant à elle pour la consoler. Il n'y avait plus personne autour d'elles, aucune aide l'accompagnant dans sa détresse dévastatrice. Juste une absence totale d'amour, de compassion comme seule réponse à sa douleur.

Elle avait compris en une fraction de seconde que l'abandon de ses enfants serait inévitable, qu'il lui faudrait les remettre à la charge de l'état sachant que sa famille la rejetait. Cette pensée la consumait de l'intérieur et elle luttait de toutes ses forces pour ne pas y croire. Elle cria et pleura encore plus fort, déchirant l'espace de cet instant avec sa tristesse, sous le regard ébahi des badauds s'agglutinant autour d'elle.

A cet instant, il n'y aurait plus de famille dans les esprits, plus d'existence, ni à ce mot, ni à ce concept. Ils avaient piétiné l'espoir, en prétextant protéger leur propre bien-être. La solitude prit des allures familières une fois de plus, s'emparant du présent en un instant sans crier gare. Seule avec sa souffrance, Mère, le cœur serré, emmena ses trois enfants dans un lieu à Paris appelé D.A.S.S[6]. Un endroit où séparés de leurs parents, ils pouvaient

---

[6] **D.A.S.S** : Direction d'Assistance Sanitaire et Sociale de Paris

recevoir l'indispensable requis à leur subsistance et à leur éducation. Un lit, de la nourriture, une continuité à leur cursus scolaire et en prime, une totale reconstruction intérieure à vivre dans un milieu étranger.

Le sentiment d'abandon fit son entrée sur le chemin, comme une onde de choc émergeant de la peur. La maltraitance s'effaçait, laissant place à une forme de solitude étrangère. Un autre quotidien naissait avec ses repères, créant d'autres liens, de nouveaux conflits intérieurs. L'esprit comprit que rien ne se terminait ; les instants, quoique différents, changeaient simplement d'apparence une fois de plus.

L'abandon et la solitude

Après quelques instants de réflexion, essuyant les larmes et reprenant les valises, l'arrivée à la D.A.S.S de Paris sonna la séparation inéluctable.

Des personnes se tenaient devant l'entrée, attendant patiemment que Mère s'en aille après les au-revoirs d'usage. Elle prit ses enfants dans les bras en les serrants très fort et leur chuchota à l'oreille : « je ne vous abandonne pas, je reviendrai vous chercher. » Puis elle s'éloigna, doucement comme dans un rêve. Les yeux noyés de larmes et le cœur serré, le nouveau départ commença, seuls, sans Mère à nos côtés. Juste des étrangers essayant de rassurer tant bien que mal, et une tristesse inconcevable.

Ils prirent les mains et emmenèrent tout le monde à l'intérieur. Ce lieu, très ancien avec cette légère odeur de moisi, était sombre et froid. Des fenêtres immenses dévoilaient un jardin nu sans aucune fleur. La cour devant l'édifice où trônaient des jeux usés par le temps semblait mettre en fuite les enfants.

Les filles et les garçons dormaient séparément, et les petits frères partirent ensemble vers un autre dortoir à l'autre bout du couloir. Une inconnue ouvrit alors une porte faisant apparaître un parterre de lits tous alignés les uns à côtés des autres, agrémentés d'une petite commode ; elle sourit puis entra la première. S'arrêtant après quelque pas, elle dit : « voici ton lit ». Le corps s'assit tout en balayant la pièce du regard, ne réalisant toujours pas l'impact de cet instant. Essuyant les larmes coulant sur le visage de manière incontrôlable, rien ne serait plus comme avant, pensa l'esprit. Les souvenirs refirent surface et la tristesse, elle, construisit sa demeure dans le cœur. Appelant la solitude et l'abandon à y apporter les meubles, le sourire, lui, s'effaça du visage.

Quitter la maison de la maltraitance à la hâte, l'école et les amis, être abandonné d'une famille et d'une mère en une seule journée, tout cela faisait beaucoup de changements pour une enfant. Un profond vide s'installa en l'esprit et les nouvelles bases d'une vie sans parents commencèrent à prendre forme.

Mère n'était plus là, hébergée dans un autre endroit à Paris pour femmes en perdition. Noyée dans sa tristesse, elle en oublia ses valises dans le taxi et arriva dans ce nouveau lieu en ne possédant que les vêtements qu'elle portait.

Reviendrait telle un jour, comme elle l'avait promis ? Les certitudes dénaturées par les mensonges à répétition des adultes ne laissèrent entrevoir aucune réponse. La croyance en leur parole, devenue si précaire, laissa place à un profond doute. Les pensées tourbillonnaient sans cesse, ne laissant aucun répit ; le jeu et l'amusement semblaient lointains, inaccessibles. Ce lieu dégageait un goût amer et faire le deuil d'un passé de maltraitance s'avérait difficile à surmonter. Car même si la peur et la colère disparaissaient lentement, l'abandon et la solitude n'étaient guère mieux.

Certaines habitudes semblaient difficiles à oublier, celle de la violence, de la soumission ou de l'abandon par exemple, dont la séparation ressemblait à s'y m'éprendre à celle d'une amitié loyale. Avec le temps, une sorte de connaissance naissait à leur contact, apportant des repères à l'esprit. Quand tout se transforma et qu'il ne fut plus nécessaire d'être aux aguets intérieurement, l'esprit ne savait comment réagir. Jouer, s'amuser, apprendre et ne plus avoir besoin de protéger, d'être vigilante ou d'analyser l'environnement se révélait être difficile à accepter. L'habitude de la souffrance empêchait l'insouciance et l'innocence de l'enfance d'être présentes, il fallait apprendre à être juste une enfant, mais comment ?

Les nouveaux repères

Après plusieurs semaines dans cet environnement, de nouvelles habitudes commencèrent à prendre forme doucement. La solitude fit place à une adaptation forcée, une sorte d'insertion communautaire obligatoire. Les heures de repas fixes avec des règles de vie, la propreté du corporelle, l'école et le temps libre avaient des airs de symphonie dans une journée.

La maîtresse d'école, ne vivant pas sur les lieux, venait chaque matin faire la classe au foyer qui possédait sa propre salle. Les enfants de tous niveaux apprenaient chacun à leur rythme, accompagnés de leurs souffrances, les empêchant d'étudier correctement.

Il régnait dans cette endroit un ballet incessant entre présents et absents, certains enfants s'enfuyaient par une fenêtre dérobée au petit matin, réapparaissant au moment du repas le soir. Et pour d'autres c'était un lieu de transit où l'enfant vivait un certain temps attendant un transfert vers une autre structure en fonction des places disponibles. Ensuite, sans prévenir, on les déplaçait comme de vulgaires paquets, sans se soucier de leur capacité à le vivre sans souffrir. Les frères et sœurs pouvaient rester ensemble si les parents en stipulaient l'obligation, ce que fit Mère.

Puis un jour, comme un rayon de soleil apparaissant sur l'horizon, Mère apparut sur le pas de la porte du réfectoire, les bras chargés de cadeaux. Quel bonheur de la voir affichant un large sourire et avec lui, un profond soulagement, éliminant en une fraction de seconde la pensée d'un abandon possible.

Elle raconta son histoire depuis la séparation, le nouvel emploi commencé quelques semaines auparavant, l'endroit où elle vivait. Elle paraissait pleine d'espoir et la lueur dans ses yeux en disait long sur sa détermination à voir un jour la fin de cette séparation. Mère vint à la D.A.S.S tous les quinze jours et les au-revoirs sonnaient toujours le glas des larmes et de la tristesse, instants encore fragiles s'estompant avec le temps.

Quant à l'esprit, il s'habitua doucement à la réalité d'une séparation temporaire et développa la patience. Les larmes quant à elles, un vrai rituel au moment du coucher afin de ne pas infliger à Mère une tristesse supplémentaire.

Les mois passèrent et de nouveaux amis prirent la place des anciens, le sourire réapparut discrètement sur le visage. La maîtresse d'école aimait cette curiosité exacerbée qui habitait l'esprit et la constante bonne humeur au contact d'autrui. Très vite devenue la chouchoute de celle-ci, il fallait constamment remettre à leur place les privilèges qu'elle souhaitait offrir au détriment des autres. Elle croyait bien faire, sans comprendre les conséquences de ses actes ou de ses paroles au sein du groupe après son départ le soir. La jalousie ne devait en aucun cas créer des situations conflictuelles et limiter la camaraderie à certains en négligeant d'autres.

La vie en communauté prônait des règles très strictes chez les enfants, ne laissant aucune place à l'individualisme, aux attitudes égocentriques. Tous vivaient une souffrance liée à de graves traumatismes affectifs, des violences ou un abandon et refaire surface devenait un vrai défi. Les relations à l'adulte, un perpétuel conflit pour certains surtout quand ces adultes prétendaient comprendre l'inconcevable et le jugeait en retour.

Certains enfants ne retrouveraient jamais leurs parents, d'autres ne voulaient plus entendre leur nom et d'autres encore attendaient patiemment des retrouvailles probables, sans connaître la date exacte.

C'est dans cet environnement qu'il fallait se reconstruire à présent, en ayant comme compagne l'incompréhension, stimulant une solitude toujours plus pesante. L'enfance adulte avait des travers impossibles à partager, surtout ce regard lucide sur les situations et les êtres, dont les enfants en étaient dépourvus au détriment de leur insouciance et de leur innocence. C'est ainsi que naquirent le rire et l'humour, empêchant de rendre les instants trop consistants, profonds. Obligeant une certaine naïveté enfantine à apparaître comme un bouclier empêchant de voir au-delà des apparences. Une manière de se fondre dans un environnement superficielle se satisfaisant des étiquettes.

***

La voie associée aux changements

Malgré la difficulté due aux changements extérieurs constants, l'adaptation se fait fluide et de nouveaux repères s'installent immédiatement en l'esprit. Créant ainsi des contextes agréables et créateurs de perceptions nouvelles au sein d'un environnement totalement différent.

Une clarté des circonstances se révèle progressivement dans l'esprit, les comportements et attitudes des êtres commencent à être perçus clairement. L'interactivité avec ceux-ci se fait intuitivement et s'oriente vers leur bien-être.

Impermanence des instants

Une situation vécue extérieurement provoque un changement intérieur dont les conséquences créeront à leur tour une autre situation intérieure et extérieure. Ce processus est inéluctable et tant que l'observation des situations ne débouche pas sur un réflexe analytique logique et systématique, leur compréhension demeurera inexistante. La racine d'une souffrance ne trouvera aucune réponse pérenne sans une analyse intérieure de ses conséquences. Les fluctuations des instants dépendrons en grande partie de causes et d'effets engendrés de manière inconsciente.

Chapitre V

Le paquetage humain

Fin octobre 2018 à Paris, l'automne fut bref et l'hiver arriva comme une vague venant du nord. Les corps subissent aujourd'hui de nombreux changements de climat en une seule journée, la capacité d'adaptation devient un gage de bonne santé.

A paris durant plus de trois jours, des moines tibétains accompagnés d'un vénérable Rimpoché[7] sont arrivés du sud de l'Inde pour une tournée en France. Ils rendent ainsi accessibles aux personnes néophytes des arts et des pratiques spirituelles traditionnelles de leur région et monastère d'appartenance.

Le maître tibétain prodiguera des enseignements bouddhiste, pendant que les moines l'accompagnant réaliseront un Mandala de sable pour la paix dans le monde. Le Mandala est une pratique spirituel ancestrale très courante au sein des monastères, l'esprit entrant en méditation en se reliant à l'aide de la visualisation au palais d'une divinité.

Sur un support en bois les moines déposeront une poudre de marbre colorée à l'aide de cône en cuivre frotté délicatement, dessinant des figures géométriques. Représentant ainsi, toutes les traditions religieuses entourées de symboles auspicieux. Ils

---

[7] **Rimpoché** : précieux joyaux en Tibétain

réaliseront une œuvre d'art éphémère ayant comme motivation la paix dans le monde.

Le Mandala de sable symbolise l'impermanence de toute chose, la transformation continuelle de chaque instant. Une fois parachevé au terme d'un travail minutieux empreint de concentration intense, il sera détruit d'un geste de la main et répandu de différentes manières dans le monde. Le premier jour, assise en tailleur devant le Mandala, les moines commencèrent par une pratique destinée à purifier le lieu et bénir les objets rituels utilisés pour la construction du mandala. La prise de refuge[8] et la génération de la Boddhichita[9] étant mise en place intérieurement et extérieurement. A travers la récitation de textes sacrés, les moines invitèrent certaines divinités à prendre place en le lieu. Le Mandala commença physiquement pour les moines et la méditation liée à celui-ci se développa d'elle-même intérieurement chez les participants. Les moines dessinèrent ensuite une colombe au centre symbolisant la paix, agrémentée tout autour par les douze symboles des différentes traditions religieuses dans le monde.

L'esprit vide, empli de compassion et de paix, se dirigeant vers les douze traditions religieuses, enveloppant tous les êtres. Le Mandala construisit la visualisation suivante en l'esprit. Chenrérig[10] à mille bras et onze visages transparents, telle un arc-en-ciel, généra un halo de lumière en se plaçant au-dessus du centre, reliant les douze traditions religieuses de ses bras. Un flux d'énergie, mélange de compassion et de paix s'intensifia, tout en créant des va-et-vient avec les douze symboles religieux. Une lumière blanche très intense d'amour et de paix enveloppa toutes ces traditions pour n'en faire qu'une. Celle de l'humanité tout entière, créant une seule entité. La méditation au son du mantra de Chenrézig[11] se développa au fur et à mesure que les moines

---

[8] **Prendre refuge** : Protection des trois joyaux : Le Boudha, le Dharma son enseignement et la sublime congrégation, les êtres éveillés. Introduction à toutes les pratiques bouddhistes.

[9] **Boddhichita ou esprit d'éveil** : est une aspiration à atteindre l'Éveil afin d'amener tous les êtres sensibles à la libération de toutes formes de souffrances.

[10] **Chenrézig ou Avalokiteshvara** (en Sanskrit) est le Bouddha de la compassion infinie.

disposaient la poudre de marbre teintée. La visualisation progressa lorsque les huit symboles auspicieux du lotus, du nœud infini, du parasol, de la conque blanche, de la bannière de victoire, de la roue, du vase de nectar et des poissons d'or apparurent. Un second halo encore plus lumineux naquit, entourant et protégeant le premier. Les pratiquants des différentes religions, ainsi que tous les êtres vivants sur terre, furent en un instant protégés par les signes auspicieux. Enlacés par une luminosité compatissante allant du centre vers l'extérieur. Au gré des mantras, l'intensité grandit pour atteindre tous les êtres sensibles dans tous les espaces, de tous les mondes.

Après plusieurs heures, la dédicace pour le bien de tous les êtres stoppa la visualisation jusqu'au lendemain. Elle reprendrait dès lors que les moines finaliseraient le Mandala, pour ensuite s'évanouir dans l'espace. Tout comme d'un geste de la main le vénérable Rimpoché détruirait le Mandala en récitant un rituel de dissolution, la visualisation s'évanouirait elle aussi en répandant ses bénédictions vers tous les êtres.

Le lendemain les moines continuèrent le Mandala et distribuèrent ensuite le sable au public présent, une forme de dispersion parfois utilisée quand les plans d'eau sont inexistants.

Au moment où le Mandala fut dissous par le Maître, l'esprit imagina à quel point l'actualisation de cette pratique puissante aurait pu d'un geste faire disparaître les souffrances du passé.

Car en 1978 et 1979, les foyers de la D.A.S.S pour enfants abandonnés restaient des lieux de transit, apportant le stricte minimum du bien-être physique. Un toit, de la nourriture et un cursus scolaire ; quant à l'éducation proprement dite, elle restait à l'appréciation des adultes qui entouraient les enfants. Il y avait tellement d'enfants que ces derniers semblaient être dépassés par l'intensité de leurs souffrances intérieures, ne cherchant pas ou ne pouvant pas les comprendre. Les enfants, livrés à eux-mêmes,

---

[11] **Mantra de Chenrézig** : OM MANI PEDME HUM formule sacré en Tibétain.

souffraient en silence et la vie en communauté pouvait parfois se montrer bien cruelle.

Certains étaient rejetés, d'autres renfermés sur eux-mêmes, d'autres encore choisissaient le despotisme et la violence pour s'insérer dans un groupe. Le foyer devenait un lieu où les plus forts se faisaient respecter, les plus faibles humilier. Personne n'entendait les cris d'appel à l'aide de ceux qui, livrés en pâture à leurs souffrances, n'avaient aucune autre issue que le mutisme. Les enfants avaient l'obligation de se battre pour survivre ou simplement attirer l'attention. Tentative de suicide, humiliations de toutes sortes, attouchements commis par les adultes, utilisation de la force afin de se nourrir ; le quotidien dans ces endroits restant aussi destructeur qu'une vie au sein de certaines familles.

Une fois le temps écoulé, moins d'une année, l'enfant devait plier bagage et être déplacé dans une autre structure, comme un vulgaire paquet. Personne ne considérait sa personnalité, ses affinités, ses souffrances, ni sa fragilité, la seule chose prenant le pas sur l'existentiel était de trouver une place ailleurs.

Puis, sans raison apparente, il fallait encore tout quitter et reconstruire sans cesse les bases d'un édifice fragile. Faire son baluchon, s'installer dans une camionnette et partir vers un endroit inconnu. Sensation toujours plus pesante de n'être qu'un paquet dont personne ne voulait, un jour ici, un autre ailleurs. Espérant secrètement que les parents soient prévenus de ce bouleversement, les enfants le vivaient comme une autre déchirure s'additionnant aux précédentes.

L'apprentissage à l'existence avec pour base la souffrance prenait autant de place qu'auparavant. Quant aux connaissances intellectuelles inculquées par le milieu scolaire, elles revêtaient la même nature éphémère, n'ayant que peu d'utilité à l'épanouissement dans un tel contexte.

Vivre sans parent

Au départ, la vie de « sans parents » foisonne de questionnement raisonnant dans l'esprit et martelant à longueur de journée

« pourquoi, pourquoi ! ». Puis un beau jour, ils cessent, laissant place à de nouvelles règles de vies, établies par des adultes inconnus devenant des repères. Des adultes essayant de répondre à des attentes d'enfant, sans en avoir forcément les capacités. Avec les petits frères, il fallait rester soudés même si, avec des caractères aussi dissonants, une séparation aurait été plus fructueuse.

Tellement perturbé par les violences et par le fait de toujours être rabaissé, un des petits frères voulait constamment attirer l'attention. Et se retrouvait fréquemment bien malgré lui dans des situations de confrontation et de rejet. D'autres signes, comme celui d'uriner dans son lit, en disaient long sur la peur le tiraillant de l'intérieur la nuit.

Vivre sans parents ne semblait pas être si compliqué, se disait l'esprit, quand on ne savait pas ce qu'ils étaient censés apporter. Ayant dû avoir constamment de la méfiance par rapport à l'amour véhiculé par les parents, et même parfois être obligé de s'en protéger. Le mot « parents » avait-il encore un sens ? Peut être qu'il a dû trouver son sens au contact de ce que vivaient les autres enfants. Enviant les bras chaleureux et les rires complices, les jeux ludiques et les promenades joyeuses, inexistants au sein d'une famille animée par la violence.

La vie en communauté avait de bons côtés, après tout ; la création d'une nouvelle famille avec des codes différents et une solidarité naissante comme bases. Les liens humains en structure d'accueil prenaient l'apparence d'une substance chimérique avec un goût d'authenticité.

Neuf mois après l'arrivée à l'Assistance Publique de Paris notre tour était venu, et il fut annoncé le moment de partir vers un autre lieu plus spacieux en banlieue reculée. Avec les deux petits frères remplis d'une appréhension certaine, le baluchon à la main le départ s'organisa vers le nouveau foyer. Une fois de plus, la stabilité ébranlée et la tristesse s'insérèrent en l'instant, une page se tournait avec l'amertume comme bannière.

A l'arrivée, devant des yeux écarquillés se dressait un immense bâtiment à trois étages, sobre et gris, posé sur une butte. En contre-bas, une aire de jeux tout aussi sobre, un peu vieillotte avec un bac à sable et une cage à poules.

La répartition des enfants fut très simple, chacun dans un groupe différent suivant son âge. Dans ce lieu, tous vivaient en chambre double dans des groupes d'une vingtaine d'enfants, les filles et les garçons séparés bien entendu. Un ou deux adultes par groupe, dormant dans une chambre en bout de couloir.

Chaque samedi matin, un rituel venait démarrer la journée au saut du lit, la distribution de vêtements propres pour la semaine suivante. Des vêtements uniformisés, pas très confortables et pour un corps un peu fort, la difficulté d'en trouver à la bonne taille devenait un vrai supplice devant tous les camarades.

Quant aux repas, ils se prenaient ensemble et le planning des corvées définissait les rôles de chacune des filles. Aller chercher le repas, installer la table, débarrasser ou encore, laver la vaisselle et balayer le réfectoire étaient tout autant d'obligations réaliser à tour de rôle, garantissant le bon fonctionnement du groupe.

Les corvées, comme aimaient à les appelés les éducateurs, et auxquelles les enfants se soumettaient avec plus ou moins de succès, étaient bien ancrées depuis l'arrivée en structure d'accueil. Une responsabilisation très intense pour des enfants de neuf et dix ans, dont les douleurs toujours béantes se manifestaient le plus souvent en se rebellant devant l'autorité.

L'école se trouvait à l'extérieur, à cinq cents mètres du complexe. A l'arrivée dans ce lieu, ayant retrouvé une amie de l'assistance publique, l'envie d'être à ses côtés dans la même classe se fit sentir. Et quand les rangs furent en place devant l'école, le corps se déporta vers un rang différent de celui attribué par le niveau scolaire.

Une année scolaire en CE1 au lieu du CM1 fut réalisée pour rien, et l'amie en question dans une autre classe. Aucun adulte ne s'en était aperçu avant la fin de l'année scolaire. L'ennui avait prédominé ce temps perdu à l'école et le manque d'importance qui lui avait été octroyé pendant la période familiale avait finalement des répercussions sur ce qu'elle voulait enseigner.

Dans cet environnement, les enfants livrés à eux-mêmes devaient faire face à nombre de changements. La présence d'adultes accompagnant et aidant les enfants étant inexistant, il fut très vite constaté leur impossibilité de répondre à un besoin immense d'attention. Il fallait régler les problèmes sans concevoir leur soutien et se servir de tous les acquis passés. Ayant un esprit déductif et un corps imposant, la position de leader fut attribuée très vite dans le groupe. Une opportunité de défendre les plus faibles et de faire face aux plus virulentes des querelles. A plusieurs reprises, jouant de cette notoriété, nombre d'actions eurent une issue favorable malgré l'absence des adultes. C'est ainsi qu'un jour, deux sœurs arrivèrent au foyer et très vite le groupe catalogua l'une d'elles comme faible d'esprit. Après plusieurs semaines, il s'ensuivit des railleries, des insultes et toutes sortes de soumissions à son égard. Sa vie devenait réellement difficile au sein du groupe, malgré la protection de sa grande sœur, essayant tant bien que mal de lui épargner une tristesse profonde. Elle supporta bien plus que ce qu'elle pouvait accepter intérieurement. Un esprit soumis avec un intellect dépourvu de raison, sa souffrance était telle, qu'après avoir subi cette situation de bouc émissaire, elle prit la décision de mettre fin à ses jours.

Un cri de peur transperça le couloir, appelant à l'action ; l'esprit comprit immédiatement l'importance de la situation. D'un bond, le corps arriva dans la chambre d'où provenaient les cris de désespoir. La stupéfaction était à son comble, une fenêtre grande ouverte et cette jeune fille pleurant, le corps complètement à l'extérieur, les mains accrochées sur le bord de la fenêtre. Sa sœur désespérée, immobile, ne sachant que faire, la suppliant de ne pas sauter du troisième étage.

L'esprit et le corps prirent l'initiative en un instant de l'agripper fermement tout en lui parlant avec douceur : « pourquoi veux-tu sauter ? ».

La jeune fille répondit qu'elle ne pouvait plus supporter les humiliations quotidiennes et que la mort serait certainement plus paisible pour elle. Après l'avoir convaincue de l'inutilité de cette solution et lui promettant que dorénavant aucun enfant ne lui ferait de mal, elle accepta de continuer à vivre. Doucement, le corps entra dans la chambre ; sa sœur soulagée la pris dans ses bras. Fixant les filles présentes avec un regard déterminé et une obligation à l'écoute : « à partir d'aujourd'hui si une seule d'entre vous veut lui faire du mal, il faudra qu'elle se batte d'abord avec moi ».

Après cet épisode douloureux, cette jeune fille retrouva peu à peu le sourire et jamais elle n'eut à vivre de telles pensées ou d'autre ennuis pendant son séjour.

Aucun éducateur n'entendit parler de cet épisode douloureux, leur présence purement fictive pour les enfants n'avait aucune importance.

La vie en communauté

La force physique et mentale dominait les instants dans ce lieu de vie en communauté. En l'absence des adultes pour désamorcer des situations conflictuelles et douloureuses, la maturité d'esprit devenait vitale. Il fallait constamment se battre afin de manger à sa faim, avoir des vêtements décents ou pour exister tout simplement. Les règles de vie parmi les enfants se résumaient à la loi du plus fort, comme un gage de tranquillité et de respect mutuel.

Trouver sa place devenait difficile, car un corps imposant donnait facilement l'impression d'aimer la force, la violence, alors qu'une conviction profonde en connaissait l'inutilité fondamentale. Une des filles utilisa le groupe pour démontrer son importance et une supériorité qu'elle ne possédait pas. Sa jalousie si puissante prit alors de l'ampleur, obligeant à recourir à la force physique afin d'empêcher d'être mise à l'écart avec des accusations ignorantes. Elle reçut un coup dans le ventre, remettant les choses à leur place en rapport avec ses dires, réglant définitivement l'incompréhension. Une fois de plus, il fallait agir avec dextérité face à une situation et faire taire les fausses rumeurs ou actions néfastes au plus vite pour ne pas avoir à les subir.

Dans ce foyer, l'insouciance prit parfois de la place et des moments de rêves et d'utopies pouvaient s'insinuer dans le quotidien. L'imaginaire des dessins animés de l'époque permettaient de briser le quotidien, l'esprit s'amusant à imiter des héros fantastiques en associant gestes et chants. Le pouvoir de la télévision commença à montrer des habitudes étranges de par sa capacité à placer l'esprit dans un état amorphe et dépendant.

Les dimanches matin, des nonnes catholiques venaient au foyer pour prêcher la parole évangélique aux enfants le souhaitant. Les filles ne se pressaient pas, alors que d'autres, les écoutaient pendant une heure s'assurant ainsi une sucrerie en fin de séance. L'opportunité de savourer une confiserie dans ce lieu était si rare que ce rendez-vous en devenait incontournable. Les nonnes utilisaient des chants et des jeux entrecoupés de paroles bibliques afin de passionner les enfants.

Mais sans le sucre, elles n'auraient eu personne à endoctriner. Les enfants n'étaient guère dupes du stratagème et rien de ce que les religieuses transmettaient ne montrait d'importance à leurs yeux. La croyance déiste de l'époque n'avait que le goût de sucrerie. Et au vu du vécu si douloureux, une quelconque croyance paraissait utopique et peu plausible.

Une réalité changeante

Le plus petit des frères, âgé d'à peine trois ans, vivait dans un bâtiment en contrebas de la butte. Descendre lui rendre visite de temps à autre était vécu comme un rituel bien rôdé. Passer du temps à ses côtés en s'amusant, tout en lui permettant d'exprimer ce qu'il ressentait ; un rôle de grande sœur, en somme.

Quand un jour, enthousiaste comme à l'accoutumée de pouvoir venir le voir, petit frère fut introuvable. Entrant dans une inquiétude grandissante et courant dans tous les sens en posant des questions, une femme répondit qu'il avait dû aller à l'hôpital en urgence. Elle raconta qu'il jouait tranquillement et qu'il se mit à marcher de manière étrange, « en canard ». A partir de cet instant, il ne serait plus possible de passer du temps avec petit frère et personne n'avait jugé bon d'en informer pas plus son frère que sa sœur.

Une fois de plus, un manque total d'humanité ; la tristesse n'eut d'autre choix que de prendre cet instant, petit frère parti, il serait seul dans un autre environnement.

Après examen à l'hôpital, il s'avéra que petit frère avait développé une maladie aux deux cols du fémur, détruisant progressivement son cartilage. Après de nombreuses opérations, il fut condamné à rester allongé sur le ventre pendant de nombreuses années, des poids fixés aux pieds tirant ses deux jambes. Mère quant à elle, dut partager son temps entre les visites à l'hôpital et celles du foyer.

Donc Mère venait une fois tous les quinze jours, c'était là aussi un vrai rituel enjoué et plein d'amour que rien ne pouvait ébranler. Observant avec Frèro par la fenêtre du troisième étage et attendant avec impatience, les yeux rivés sur le chemin de la petite colline. Le cœur prêt à bondir de joie tout en dévalant les escaliers au moindre signe de sa présence. Ces quelques heures apportaient du bonheur, l'avant-goût d'une fin programmée de la séparation.

A l'occasion d'un jour de visite, attendant comme à chaque fois la silhouette de Mère monter la petite pente devant le foyer, elle apparut accompagnée d'une autre personne. Quand la visibilité le permit, un vent de panique s'empara des corps et des esprits, c'était monsieur Père avec mère ! « Comment est-ce possible ? » demanda Frèro. Figé, se regardant dans les yeux, la peur tétanisa Fréro et le refus catégorique d'être en contact avec le regard de cet homme l'envahit. Après un long moment, l'esprit reprit les rênes, en assurant à Frèro que rien ne pourrait lui arriver ici. Descendant les escaliers d'un pas ferme et décidé, sans peur, l'esprit rempli d'une force incroyable, ne laissant aucune place au passé.

Lui faire face malgré les souffrances endurées sonnait comme une revanche sur la peur. Ce moment ne fut certes pas très agréable et monsieur Père trouva quelque occasions pour réitérer sa domination futile, n'ayant aucune prise sur la conscience. Mère ressentait de la peur et ne parlait pas. A l'occasion d'un autre moment, lui demandant pourquoi elle l'avait fait venir ce jour là, elle répondît simplement qu'il voulait voir ses enfants. Une preuve supplémentaire d'un manque de jugement de sa part pour accepter de vivre et de faire vivre cette situation.

Les événements et états d'esprits changeants à cette époque apportaient une multitude de remises en question et de diverses manières forgeaient le caractère. Après dix mois dans cet endroit et un baluchon en prime, de jolis vêtements tout neufs fut donné pour démarrer une nouvelle expérience ailleurs. Sans avoir l'occasion de dire adieu aux amies, le départ fut amorcé vers un autre lieu encore plus proche de Paris. Mère pourrait venir plus facilement prendre ses enfants une fois tous les quinze jours, pendant tout un week-end. Confirmant ainsi l'approche de retrouvailles définitives entre une mère et ses enfants.

***

La voie et les différences

L'adaptation aux différentes situations se fait fluide. L'esprit prend rapidement conscience des changements, les analyse et agit en accord avec eux.

Les changements extérieurs engendrent des changements intérieurs, perçus avec une subtilité toujours plus claire, plus profonde. L'attachement n'a pas le goût de l'exclusivité pour certains, il s'étend de manière plus large à l'ensemble des êtres. La prise de conscience du corps et des interactions que l'apparence engendre dans les situations conflictuelles. La protection et l'amour pour l'autre se renforce et devient plus important, plus présent au quotidien.

L'attachement

Il est l'essence même du lien inné entre une mère et son enfant. L'attachement est vital pour l'être humain au commencement de son existence sur terre. Sans une mère prenant soin de nourrir et d'apporter les éléments nécessaires à l'épanouissement de sa progéniture, l'enfant ne pourrait survivre. Cette état de fait permet ensuite à l'individu d'étendre cette connaissance innée d'amour mêlée de compassion à tous les êtres.

Quand l'enfant devient adulte, il crée ensuite ses propres attachements en fonction de ce qu'il subit ou des excès qu'il accepte dans sa vie. Ainsi, il peut devenir dépendant de comportements, d'individus, de groupes, de situations, d'idées etc...Il n'imaginera plus vivre sans cela, l'empêchant de s'épanouir.

L'analyse intérieure de l'origine d'un attachement quel qu'il soit, du lien qui l'unit à ses perceptions, à ses actions, engendre une compréhension profonde du mode de fonctionnement de celui-ci. Il est possible ensuite d'avoir la certitude de son impermanence et d'agir en conséquence.

Chapitre VI

Une nouvelle famille

Début novembre 2018, un maître renommé venu d'un monastère d'Inde du sud, ayant par la pratique intensive de la méditation durant trois ans soigné son corps d'une gangrène très avancée, proposa une retraite méditative de trois jours à Paris, en utilisant le calme mental de Shamata. Cette pratique bouddhiste très répandue dans les centres en occident permet d'apercevoir les bienfaits de l'observation de son esprit. Son approfondissement est un processus intérieur où l'esprit apprend à lâcher prise par rapport aux concepts créés par l'intellect. Il s'apaise de lui-même en demeurant dans sa nature inhérente, il se fait ami avec ses propres fonctionnements intérieurs. Délaissant progressivement l'impact des cinq sens et découvrant les formidables potentialités de celui-ci.

Au commencement, comme dans tout enseignement, la prise de refuge avec la génération de la Bodhichitta. La prise de refuge est une introduction à toute pratique spirituelle bouddhiste dont l'essentiel est de concentrer l'esprit pour entrer sous la protection des trois joyaux, le Bouddha le maître, le Dharma son enseignement et le Sangha[12], la communauté des êtres sublimes. Une fois l'esprit sous la protection des trois joyaux, il est nécessaire d'avoir une motivation pure en générant la Bodhichitta. Elle est un état de conscience vaste, dirigé vers le bien de tous les êtres, se traduisant par un élan intérieur inconditionnel

---

[12] **Sangha** : au niveau relatif communauté de pratiquants Bouddhistes et au niveau ultime, tous les Bouddhas, Bodhisattvas et êtres sublimes de toutes les traditions Bouddhistes.

s'abandonnant à l'amour et la compassion de manière altruiste et impartiale.

Après cette introduction, le maître commença par détailler le fonctionnement de l'esprit, en l'illustrant avec sa propre histoire et des anecdotes de grands érudits indiens et tibétains. Il expliqua l'importance d'observer l'esprit réagir en fonction des sens du corps et du temps, passé, présent et futur, tout en le comparant avec les sauts d'un singe dans la jungle. L'esprit passant d'une pensée à une autre sans connaître de repos, sans jamais être détendu.

Le public studieux écouta avec intérêt, regarder son esprit paraissait une chose étrange et difficile à appliquer. Pourtant une évidence bien logique à de multiples égards, si l'on veut créer une démarche libératrice intérieurement. L'observation d'une souffrance revenant sans cesse sous des aspects différents devrait être à elle seule une motivation de base si l'on souhaite être en paix.

Ensuite, il utilisa un support physique pour illustrer le processus qu'emprunte l'esprit afin de se libérer du joug des cinq sens. Avec celui-ci, il expliqua les neuf états du processus de transformation pour accéder à un état de paix et de liberté. Dans la pratique du bouddhisme tibétain, l'apprentissage du regard intérieur est la base de tous les enseignements. Les différentes méditations avec support physique ou mental, comme la visualisation de déités, recèlent d'extraordinaires méthodes subtiles pour se familiariser avec son propre esprit en arrivant à le rendre plus malléable.

Le maître proposa ensuite une méditation guidée de purification du corps, de la parole et de l'esprit, avec le support de la visualisation.

Après avoir diminué les distractions intérieures et abandonné l'attachement à celles de l'extérieur, l'esprit pris place en la concentration par l'écoute. Le maître décrivant un processus mental élaboré et le pratiquant à l'aide de sa concentration, visualisant les étapes de celle-ci, crée un état intérieur particulier.

La visualisation en devient un précieux support, permettant d'être dans un état méditatif libre de distractions.

Après l'exercice du maître, l'esprit retourna vers le passé, imaginant les impacts que de tels enseignements auraient pu avoir sur les situations troublantes en relation avec les peurs intérieures.

En 1979 et 1980 pourtant, de nombreuses expériences innovantes arrivèrent sur le chemin avec un goût prononcé pour l'entraide assortie d'une joie stimulante. L'esprit rencontra l'expérience du réconfort teinté de compréhension, au sein d'un environnement plus familial. Les règles de vie communautaires laissaient place à une franche camaraderie, permettant à la relation avec les aînés d'être constructive. Parfois les rôles s'inversaient, l'adulte devenant l'enfant et l'enfant l'adulte. Les échanges beaucoup plus subtils, permettaient de mettre à profit nombre de connaissances cachées. Elles se révélaient au contact de l'autre, instaurant une stabilité intérieure empreinte d'humanité.

La multiplicité et la diversité des êtres promettait de croire en une ouverture propice à l'épanouissement. La vision libre du jugement commençait à s'étendre au tout, se stabilisant au contact de situations amicales. Une nouvelle famille, avec ses codes et ses contraintes, ses rires et ses tristesses dans un ensemble constructif et instructif.

Départ pour l'ailleurs

Après avoir reçu de nouveaux vêtements dans un sac de sport étincelant, la petite estafette partit vers la proche banlieue parisienne. Sur le chemin Frèro commença à créer des discordes comme à son habitude, croyant ainsi se faire aimer davantage. Situation toujours aussi difficile, car son obstination à perpétrer constamment l'exaspération à un point tel que sans une réaction violente, il n'entendait rien, demandait un vrai contrôle sur le corps et l'esprit afin de démontrer de la justesse. Sa douleur se traduisait ainsi, envie inconsciente de faire souffrir, croyant fermement en sa légitimité en lien avec son vécu. Arrivé devant la porte principale du nouveau foyer, la directrice, connaissant cet état de fait, ordonna la séparation immédiate dans deux groupes différents. Sonnant une délivrance, ce nouveau départ commençait sous les meilleurs auspices.

Ce foyer ne ressemblait pas aux autres, structure beaucoup plus intime avec des soeurs catholiques comme voisines qui se chargeaient de la logistique indépendamment des enfants. Trois groupent mixtes d'une quinzaine d'enfants âgés de 6 à 14 ans se partageaient le lieu, encadrés par des éducateurs. Chacun ayant comme emblème un nom : les poussins, les clairs matins et les cordés pour les plus âgés.

Une petite salle commune très agréable équipée d'une télévision et agrémentée d'une multitude de petits coussins servait de repère au groupe. L'attribution dès l'arrivée d'un petit placard permettant d'entreposer ses affaires personnelles, un gage d'intimité supplémentaire. Des dortoirs au deuxième étage parsemés de lits superposés et séparés par des cloisons permettaient aux filles et aux garçons de ne pas être ensemble. C'était un lieu agréable avec un fonctionnement plus humain, car la séparation avec le monde extérieur était limitée. En effet, tous les enfants du foyer étudiaient dans des structures scolaires environnantes au foyer. Créant une réalité très similaire à celle d'une famille ordinaire.

Dans l'arrière-cour se trouvait un jardin spacieux et lumineux avec une aire de jeux permettant détente, animation et distraction.

Les sœurs préparaient les repas, s'occupaient du nettoyage des vêtements et de leur étiquetage, et surtout du suivi médical des enfants. Les autres tâches incombaient aux éducateurs et pensionnaires du foyer, se répartissant celles-ci sous forme de tableau visible par tous, évitant le cas échéant toute injustice. Balayage et nettoyage des parties communes, lavage de la vaisselle, installation de la table et des plats, étaient tout autant d'obligations indispensables pour faire fonctionner la communauté.

Le groupe attribué à l'arrivée s'appelait « les clairs matins », et au bout de quelques mois au contact de cet environnement, il ne se différenciait plus d'une vraie famille. La cohésion et l'amitié furent d'une telle clarté dans ce groupe que chacun y trouvait une place propre à ses particularités.

Une vie en communauté constructive où chacun prenait soin de l'autre en lui accordant toute son importance. L'école à l'extérieure avec les autres enfants vivant en famille, accordait une liberté de mouvement et de rencontres. Les contacts avec Frèro devenait très rare, sauf à l'occasion de moments difficiles comme la maladie. Le petit ours avec l'odeur de Mère devait absolument être de la partie, créant une consolation très appréciée. Fréro le conservait et le partageait en échappant à la surveillance des éducateurs pour pouvoir le transmettre. Moment de grande complicité entre frère et sœur, pouvant s'installait au contact de certaines souffrances.

L'une des plus belle révolution pour des enfants en quête de sens fut sans aucun doute « l'argent de poche » de trente et un francs par mois. Oui, de « l'argent de poche » suivant l'âge et géré par les enfants eux-mêmes. Une responsabilisation aux multiples avantages liés à l'indépendance, aux choix et à l'autonomie qui n'auront de cesse de grandir avec le temps.

Dans le passé avec Mère, il y avait un rituel matinal dans la préparation avant l'école, le démêlage des cheveux, une vraie torture. Des cheveux longs emmêlés jusqu'aux fesses et un peigne comme seul outil. Quand dans ce foyer on autorisa le coiffeur pour les filles avec une participation financière, c'est sans aucun regret que ledit « argent de poche » servit à couper la tignasse abondante. L'autonomie avait un goût d'absence de torture matinale, en commençant par éviter une souffrance physique inutile.

Le jour était le rire, la nuit les pleurs

De nombreuses activités étaient proposées dans ce foyer et des liens toujours plus forts avec la diversité comme moteur prenait forme. La vie en communauté déployait tout son sens et les enfants ne s'en portaient que mieux. La cohésion du groupe jouait un rôle catalyseur primordial dans toutes les activités, entraînant l'épanouissement de chacun dans son individualité.

Des apprentissages merveilleux jalonnèrent cette période, le rôle de la nature avec les différents éléments qui la composent, les espèces animales et leurs particularités, ou encore les valeurs de l'amitié. Ainsi, le partage de connaissances avec ces joies de la curiosité jouant un rôle de premier plan et bien entendu, l'autonomie avec sa saveur permettant de se sentir aimé. Une découverte des qualités de l'enfance adulte où l'insouciance et l'innocence, laissaient place à des fondements humains essentiels commençant à servir doucement de base intérieure.

A dix ans, les jours s'écoulaient avec en toile de fond, des liens profonds avec tous les êtres devenant au fil du temps un repère dans l'obscurité. Peu de temps après l'arrivée, un nouvel éducateur remplaça, pour le plus grand bonheur de tous, un autre très agressif ne supportant pas les mauvaises notes à l'école. Les enfants couvaient autant de souffrances qu'auparavant, et l'expérience scolaire gardait le même goût de la contrainte, ce que certains éducateurs ne voulaient pas accepter.

Ce nouvel éducateur si grand, avec ce visage si bienveillant, en fit un superbe bouc émissaire pour la taquinerie. Avec une amie, l'irrésistible envie de démontrer notre estime en utilisant la moquerie, commença à germer en l'esprit.

Pendant toute une soirée, rien ne pouvait échapper à la taquinerie, poussant l'éducateur dans ses retranchements en créant une vive exaspération. A un point tel, que l'ayant fait arriver à ses limites, il devint rouge de colère et la direction immédiate du dortoir fut ordonnée. Arrivés devant les lits, son agacement déborda et il décocha à l'amie une claque qui l'a fit pleurait instantanément. Arrivant devant le visage surmonté d'un regard imperturbable, il frappa et les larmes ne vinrent pas. Il fallait montrer de la force par rapport à la violence, le visage dépité de l'éducateur résonnait comme une victoire, même si cette claque était amplement méritée. Les larmes se mirent tout de même à couler quelques minutes plus tard.

Suite à cet épisode, l'amie dut changer de groupe et un lien particulier commença à lier l'adulte et l'enfant. Une amitié si puissante que la communication se faisait sans un mot, un seul regard suffisait à créer une compréhension unique.

A partir de cette instant, les moments heureux se multipliaient, s'enrichissant de diversités et de connaissances de toutes sortes. La maturité associée à la curiosité, enrobée par un respect mutuel profond est devint au fil du temps une communication subtile entre deux individus. Une alchimie si précieuse que la jalousie des autres enfants commença à poindre et ne devait comme auparavant, en aucun cas avoir l'opportunité de briser ce lien. Trouver le juste milieu au sein de toutes les relations enfant et adulte revêtait à cet instant une grande importance, car tous étaient aimés de la même manière par l'esprit. Parfois l'adulte dépassait la limite fixée par l'amitié enfantine avec du favoritisme à l'excès. Ce qui pouvait à tout moment faire rompre cet équilibre si fragile. Refusant avec obstination tout traitement de faveur de sa part, les autres enfants ne se sentaient jamais négligés et la jalousie s'apaisait d'elle-même. Certains camarades encourageaient même parfois l'esprit et le corps à profiter de cette aubaine, sachant qu'eux ne laisseraient jamais passer ce genre d'occasion unique. Le lien unissant tous les êtres dans ce groupe créait de formidables expériences de vie et tous en tiraient un bénéfice intérieur certain.

La journée, le rire faisait figure de parure, l'esprit vaquait aux stimulations du quotidien enjoué. A l'inverse du coucher où, la solitude retrouvée, les larmes rappelaient à l'esprit la tristesse du passé et le souvenir d'un manque. Cet ainsi qu'une phrase revenait régulièrement se glisser dans les pensées : « d'autres enfants sont bien plus malheureux que toi, tu n'as pas le droit d'être triste ». Le corps prenait une grande bouffée d'air et les larmes cessaient ; quant à la solitude, son espace se réduisait un peu plus dans le coeur. Son fondement, basé sur la lucidité et la clarté des instants, faisant une pause de temps à autre sur le chemin.

Quand le langage est esprit

Durant la période de 1980 à 1981, des changements significatifs sont apparus dans la perception des relations humaines. Une acuité intérieure apprivoisant une nouvelle forme de langage sans l'utilisation de mots. Sensation étrange d'entendre les intentions des êtres sans en comprendre vraiment la provenance, ni l'impact réel sur le quotidien. Tout commença en lien avec ce nouvel éducateur et son regard qui parlait, non pas avec des mots mais avec des sensations entrant en l'esprit. La naissance d'une compréhension de l'autre à travers le regard, délaissant complètement les repères liés à la parole. Une autre dimension déjà aperçue par le passé, devenant plus claire sous la forme de complicité. Cette ouverture d'esprit changerait de manière radicale le regard porté sur l'autre.

Cette complicité était telle que l'adulte pouvait devenir l'enfant, avec des caprices ou des réflexions déplacées, l'enfant l'adulte en prônant patience et ressentant de l'inquiétude. Sans qu'aucun des deux ne soit offusqué ou perturbé par cet état de fait.

Les instants se construisaient en toute simplicité dans l'environnement institutionnel, avec ses contraintes et ses obligations. La joie, un vrai ciment pour cette relation hors norme, dont les expérimentations de toutes sortes pouvaient être échangées et les sensations être vécues pleinement. A aucun moment les mots ne définissaient un quelconque ressenti l'un envers l'autre, seul le regard pouvait exprimer une pensée.

Les découvertes furent si nombreuses à cette époque, tout comme l'on chercherait à rattraper un temps perdu en tristesse. La perception de la nature, des animaux, des êtres dans leur ensemble se transforma encore un peu plus. Créant un lien solide et puissant, où la curiosité recevait sans cesse un assouvissement perpétuel. Tout ressemblait à de vastes connaissances se reliant les unes aux autres, formant un tout.

Dormir sous un ciel étoilé, planter des légumes en observant leur maturation, monter sur un cheval et sentir son cœur battre, toucher l'océan en le goûtant furent de formidables épanouissements. Ce monde était si merveilleux et si fragile à la fois qu'un lien unique se renforça, l'intime conviction de faire partie de ce tout. Délaissant complètement une réalité pleine de souffrances et rencontrant la joie de se sentir aimé au présent.

L'opportunité était donnée de dépasser ses peurs et ses craintes, d'aller au-delà de tous les vécus subis auparavant. L'enfance adulte sans insouciance, accueillant avec enthousiasme une approche sublime du lien humain en toute simplicité.

Apprendre en s'amusant

Tout restait à apprendre, car les seuls apprentissages ayant jalonné les premières années de l'existence avaient été en totalité reliés à des frayeurs et de l'afflictions.

Durant ces deux années dans ce lieu, il fallait assouvir l'insatiable curiosité autant physique que mental qui trépignait d'impatience dans un coin de l'esprit.

Grâce à la formidable opportunité d'avoir un être aux multiples qualités, réceptif et enthousiaste, il fut aisé de se sentir rassasiée de découvertes.

Et quand l'éducateur proposa un rapprochement avec la nature en expérimentant une plantation de graines, les enfants fous de joie piaffaient d'impatience à l'idée d'observer un phénomène longtemps relaté. Voulant à tout prix observer par l'expérience une graine devenir légume ou fruit. Une initiative donnant de la responsabilisation face à la nature méconnue et pourtant tant appréciée.

Après avoir bêché une petite parcelle de terrain près du bac à sable, fait des sillons au printemps, les graines de radis rose furent plantées avec soin. Un arrosage planifié à tour de rôle et de l'enthousiasme firent apparaître de petites pousses. Découverte extraordinaire pour des enfants en quête de sens, observant l'impact de leurs actions et de leurs attentions sur la nature.

Après l'été, de retour dans le jardin, des radis énormes remplaçaient les petites pouces et l'éducateur annonça que l'ont pouvait les manger. Quel surprise pour l'esprit, on pouvait les manger ! Ce qui sortait de terre pouvait être mangé ! Comment était-ce possible ? le corps prit un radis, l'observa avec soin en le tournant dans tout les sens. Ébahi par la force de la nature qui à partir d'une minuscule graine avait créé ce légume. Un radis de la cantine, lui, n'avait jamais suscité une telle curiosité.

Il sortait de terre et on pouvait le manger ! Au goût, il était piquant et croquant à la fois, toute une découverte par le vécu prenait sens. L'importance et la nécessité de la nature prit ancrage en l'esprit à ce moment précis. A dix ans les bouleversements commençaient ainsi, planter et manger sa propre récolte.

A la faveur des week-ends où Mère n'avait pas la possibilité de venir, les occupations et les sorties foisonnaient avec les éducateurs. La joie s'insinua régulièrement dans tous les instants, une compagne appréciée libre du jugement, des apparences et de la douleur.

Tous les quinze jours, c'était au tour de Mère de créer des souvenirs et n'ayant toujours pas de toit, l'appartement de grand-mère servait de refuge le week-end. Une femme âgée aigrie par le temps, malade d'une gangrène dégénérative, ne souriant que très peu. Ne laissant jamais paraître ses émotions, elle souffrait constamment de sa maladie après qu'on lui avait sectionné un morceau de sa jambe sous le genou. Son nouveau tibia reposé fièrement le long du mur, orné d'une chaussette et de sa charentaise.

A certains moments, elle montrait de grandes qualités de cœur, incitant à l'écoute et à la patience. Faisant profiter des conseils de son kinésithérapeute, à l'occasion de discussions sur la tenue du corps. La seule promenade qu'elle s'autorisait était de flâner sur le marché le dimanche matin. Elle y rencontrait des amis de longue date, cela semblait lui réchauffer le cœur, un petit sourire apparaissant timidement sur son visage.

Un jour sur ce même marché, une personne donnait de petits chiots et les enfants suppliant leurs grand-mère pendant un long moment, la fit succomber et elle en adopta un. Elle possédait de grandes qualités de cœur, anéanties par une vie de méchanceté envers sa propre famille.

On pouvait deviner à mi-mot les souffrances que Mère vécut dans son enfance au côté de ses trois soeurs. Son père travaillant comme palefrenier dans un haras à la seule condition de loger uniquement avec sa femme dans un espace exigu. Ses quatre filles, n'ayant de place où dormir, furent obligées d'être éloignées de leurs parents, vivant chez leur grand-mère près de Bordeaux. Avec sa propre grand-mère, l'enfance de Mère prit une tournure heureuse, l'aimant comme sa propre fille, malgré de faibles quantités de nourriture et très peu d'espace. Etant devenue veuve suite à la Seconde guerre, la présence de ses petites-filles lui apportait un grand réconfort, une joie partagée. Quand Mère fut âgée de quatorze ans, ses parents déménagèrent dans un appartement plus spacieux, les incitant à récupérer leurs quatre filles. Ne se souciant guère de l'impact traumatisant sur la grand-mère, habituée à échanger de l'affectivité et de multiples petits bonheurs avec ses petites-filles. Elle ne put s'en remettre et perdit progressivement la raison ; elle mourut malheureuse et seule.

Mère et ses sœurs vécurent ensuite avec des parents odieux, les utilisant à des fins pécuniaires, en les obligeant à travailler. Mère abandonna ses études et commença un travail harassant dès l'âge de quatorze ans. L'argent de son salaire ne lui appartenait pas, sa mère en prenait possession sans conditions. Une vie de soumission et d'abus, avec la vérification mensuelle du montant de sa paie, subissant les coups si elle y touchait à des fins personnelles.

Les souffrances se répétaient inlassablement au sein de cette famille, comme une éternelle rengaine se transmettant de génération en génération. Héritage peu enviable de la soumission, de la violence, d'un manque total d'affectivité et en prime une consommation de la boisson de feu toujours plus présente.

Le temps passait de manière très rapide chez grand-mère ; ayant toujours besoin de se dépenser physiquement avec Frèro, les jeux en extérieur étaient privilégiés. De retour au foyer les au-revoirs ne faisaient plus figure de tristesse, ils avaient un goût d'allégresse et de sourire.

Le groupe des « clairs matins » partait régulièrement en vacance ensemble, une vraie bouffée d'oxygène dans un quotidien rythmé par l'abondance des corvées et obligations de toute nature. Un séjour dans un magnifique château normand fut organisé par les éducateurs. A peine répandue, la nouvelle créa une excitation visible chez les enfants qui commencèrent à laisser libre cours à une imagination débordante. L'émerveillement serait à coup sûr une formidable expérience, dont les parents entendraient parler pendant un long moment.

Avant le départ, l'effervescence s'organisait minutieusement, car chacun avait un rôle bien précis. Tout ce petit monde s'engouffra enfin dans le minibus et partit à l'assaut d'une nouvelle aventure. Après plusieurs heures, au rythme des chants, l'arrivée devant ce magnifique château combla toutes les espérances. Il était séparé en deux parties distinctes et surmonté de petites tourelles en guise de chambres, l'aventure s'annonçait palpitante.

Le soir venu, les yeux des enfants rivés vers le ciel, observant ce nombre incalculable d'étoiles scintillantes, l'extase fut à son comble. Au petit matin, le chant des oiseaux et le meuglement des vaches réveillèrent le corps. A travers la petite lucarne se dévoilait la beauté de fleurs multicolores témoin incontesté de la douceur campagnarde. Pour des citadins en quête de sens, tout devenait sujet à questionnement, un véritable harcèlement que les éducateurs acceptaient joyeusement. Les sons de la rivière avec les descentes de rapides en bateau pneumatique, la peur du vide en escaladant la falaise, jalonnaient les instants de ces vacances inoubliables.

Dans le village d'à côté, l'organisation d'un parcours pour enfants permit de mettre à profit certaines aptitudes encore méconnues comme la concentration, l'agilité et la persévérance.

Un homme proposa une course avec le corps dans un sac de jute et dans la bouche une cuillère surmontée d'un œuf. Sur la ligne de départ, quand l'œuf fut posé sur la cuillère, l'absence de concentration provoqua un mouvement de tête, brisant l'œuf au sol. Demandant un autre œuf l'air penaude, l'esprit prit le contrôle du corps. Lui ordonnant de maintenir la tête, tout en avançant en faisant de petits pas avec le sac. Après quelques instants, ne voyant personne autour, le corps voulu se tourner en arrière, l'esprit lui rétorquant : « après la ligne d'arrivée. »

Arrivant au terme du parcours, aucun des enfants n'avait réussi à maintenir l'œuf intact dans la cuillère et avec stupéfaction la course fut gagnée. Observant la finalité du moment où corps et esprit, unis dans un même élan, reliés par la force de la concentration apportaient une satisfaction. Une compréhension subtile se détacha de cet instant, en comprenant la maturité d'une telle activité. Cette union dans une même direction jouera un rôle dominant au sujet de l'impact d'un état intérieur sur une action.

Une boîte de bonbons magnifique en forme de maison comme trophée et le partage avec les camarades arrivés au château comblèrent la victoire.

Quelques temps après, la rencontre avec des chevaux porta l'excitation à son comble. Quelle animal majestueux avec une prestance ne cessant jamais de fasciner depuis le plus jeune âge, quand il n'avait encore qu'une forme en plastique. L'approcher de près, le toucher et recevoir une initiation à son contact enjoliva l'existence.

Le petit groupe partit dans un centre équestre de la région. Après le premier contact et quelques tours de piste, l'éducateur enfourcha un cheval et l'intuition lui fit remarquer que celui-ci était très nerveux, lui suggérant de faire très attention à ses réactions. Acquiesçant avec un petit air arrogant, il continua ces tours de manège. Quand juste avant de sortir du complexe, le cheval rua sur ses pattes arrières, l'éducateur se retrouvant agrippé à son encolure avec une peur bleue. Après avoir constaté qu'il ne souffrait guère, une crise de rire remplit l'instant discrètement et les images de son arrogance tournoyaient en l'esprit. Il descendit du cheval, l'air penaud sentant la terre sous ses pieds. L'enfant devint adulte et l'adulte, enfant, les rôles s'inversaient constamment sans que ni l'un ni l'autre ne conçoive la moindre différence.

La fin du séjour approchant, une randonnée en pleine nature marqua la première découverte de l'effort enthousiaste de la marche à pied. Des groupes se formèrent selon la distance à parcourir et à la grande surprise de l'esprit, l'adulte et l'enfant furent réunis une fois de plus, pour une marche de 11 km. Avec un excès pondéral récurrent, il était difficile de marcher plus longtemps sans souffrir des différents frottements dus à des gestes répétitifs. Pourtant, à la grande surprise de l'esprit, la marche devint une vraie source de bonheur simple et libre de souffrances. Le pas cadencé et le rire comme baluchon, les kilomètres défilèrent, un vrai enchantement parsemé de découvertes jalonnant le chemin.

Au cœur de l'été, les arbres fruitiers arboraient leurs couleurs vives, les fleurs embaumaient l'air, les insectes virevoltaient, autant de richesses accompagnant au gré des pas le petit groupe. Cet adulte redonna de l'espoir en ayant cette complicité hors du commun. Il érigea en l'esprit une nouvelle forme de compréhension de la relation à l'autre, bien plus subtile qu'auparavant. Son attention et sa gentillesse emplissaient le cœur d'un sentiment nouveau, dont les répercussions dans le futur seront sans aucun doute des éléments constitutifs de la personnalité.

En ce temps-là, l'éloignement du cocon parental revêtait une aventure loin d'être anodine, l'esprit se surprenait parfois à ne plus vouloir retrouver une structure familiale ordinaire. A la fin de cette randonnée, l'éducateur entra dans une boulangerie en prétextant vouloir s'acheter des friandises et en ressortit avec un sachet énorme. Faisant mine de les savourer devant les deux enfants, en proposant finalement de les faire goûter. Un refus catégorique sortit de la bouche, alors que l'envie de les dévorer agitait les papilles. L'éducateur voulait faire plaisir et trouva ce subterfuge afin que ce présent soit accepté. Il finit par prétexter de ne plus en vouloir et si le refus persistait qu'il s'en débarrasserait. A ce moment-là, du corps jaillit un son protestant contre cet état de fait et admettant vouloir les engloutirent.

Il connaissait sans conteste cette gourmandise excessive habitant l'esprit et savait pertinemment que son présent serait accepté. Une gentillesse en accord avec la volonté de ne jamais être favorisée, témoignant de la profondeur de ce lien unique.

Durant cette période de retour au foyer, de nombreuses contraintes intérieures commencèrent à devenir une vrai source de changements. Une sorte d'évolution remarquable dans l'interaction avec autrui, dont la mise en pratique demanda de gros efforts. Un élan de compassion imperceptible guidait sans conteste la base de la conscience, intimant l'obligation de vivre l'empathie au quotidien avec les camarades.

Il fallait regarder à travers les yeux de l'autre et comprendre suivant un contexte précis sa manière d'interagir avec celui-ci. Les codes éthiques de l'enfance en communauté, associés à la force d'attractivité de la maturité d'un adulte, devaient trouver un juste milieu. L'esprit développa à cette période une forme de double vue, dirigée par l'empathie. Se mettre à la place de l'autre, empêchant ainsi l'incompréhension, la jalousie, la tristesse ou la colère d'être une conséquence aux instants.

Les affinités entre les êtres ne devaient pas être source de souffrance, car tous avaient la même volonté de ne plus souffrir en ce lieu. Les enfants ne comprenaient pas la complicité avec cet adulte. L'adulte étant toujours synonyme de souffrance, de peurs, comment pouvait-il être joie et source de bien être.

Arriver à associer ces deux aspects complices se révéla être un véritable sacerdoce, une expérience dont les racines étaient nées à l'occasion du passage dans le premier foyer. Elle se faisait plus intense cette fois-ci et plus complexe en se développant avec le regard de l'empathie.

Les dernières vacances

En 1981, âgée de onze ans, le retour auprès de Mère fut annoncé de manière indirecte par l'éducateur à la fin des vacances d'été. Personne n'avait cru bon de laisser le temps de dire les adieux d'usage, quand l'on quitte des êtres importants pour le cœur. L'éducateur avait glissé une information importante, en exprimant : « salut Arnouille, j'espère qu'on se reverra à la rentrée ! ». L'esprit, gêné par tant d'attention devant tous les autres au moment du départ, resta sans réaction, faisant mine de ne rien entendre.

En famille d'accueil avec Frèro, quelle absence de jugeote avait animé les personnes organisant ces vacances ! Au vu du retour à la rentrée en famille, ils avaient dû penser qu'une promiscuité serait constructive ! Ce ne fut pas le cas et ces vacances demandèrent beaucoup d'efforts, car aucune affinité ne permettait une entente. Des tensions perpétuelles avec en toile de fond l'autorité mal dirigée d'un couple, dégageant l'impression de subir la présence d'enfants dans leur demeure.

Au départ dans la même chambre avec Frèro, très rapidement une première séparation fut ordonnée. Par la suite, durant la journée chacun partait de son côté, avec un adulte, ne pas être ensemble comme motivation. Frèro avait la capacité d'exacerber la patience au plus haut point avec des paroles et des idées empreintes de tant de méchanceté que le faire taire devenait constamment une obligation. Impossible de vivre quoique ce soit sans un conflit physique ou verbal.

Lors d'une sortie avec l'accueillant, la stupéfaction s'amorça de façon nauséabonde ; en effet, il proposa de se rendre sur son lieu de travail qui n'était autre que la déchetterie de la région. Cet homme, ravi de proposer cette promenade peu banale autour de tas de détritus, montrant un large sourire interrogeant l'esprit.

Quand une splendide citrouille posée là, dans un monticule de déchets ménagers, attira l'attention. L'homme acquiesçant d'un regard sachant que l'intérêt pour cette découverte serait à son apogée. Comment pouvait-elle pousser dans cet endroit ? S'interrogea l'esprit. Riant en pensant à l'odeur qu'elle ne pouvait humer. Elle trouvait ici tous les nutriments pour se développer, devenir même d'une taille conséquente et d'une couleur orangé pétillante.

Continuant à marcher le longs des détritus, un magnifique tournesol sortit d'un monticule, immense baignant ses pétales en direction du soleil, il semblait irréel. La nature possédait des ressources immenses quant à sa survie. Constatant avec stupéfaction qu'elle pouvait s'épanouir dans des endroits atypiques, tels qu'une décharge publique. L'homme, fier d'avoir suscité de l'interrogation, afficha un large sourire de satisfaction.

Dans le jardin de ce couple trônaient un prunier et un noisetier dont les fruits ne demandaient qu'à être dévorés. Ce qui fut fait avec dextérité et une certaine ingéniosité sachant qu'un arbre est grand. Avec Frèro, les noisettes pas encore totalement mûres et la plus grande partie du prunier furent engloutis en trois semaines. Il y avait tout de même de grands moments de complicité entre frère et sœur, surtout quand il s'agissait de remplir les estomacs. Les accueillants trouvèrent une seule noisette et l'impossibilité de faire des confitures de prunes.

Au-delà du muret de pierre séparant la maison du voisin, un parterre de fraises rouges vif embaumait. Le vieux monsieur vivant dans cette maison suscitait une vraie curiosité. Après avoir trouvé une échelle, la communication commença et les fraises remplirent toutes les discussions. Un filet recouvrant la totalité des rangées de fruits surpris l'esprit. Le vieux monsieur expliqua qu'il n'était pas le seul à aimer les fraises. Les oiseaux en raffolaient aussi et s'il voulait en profiter quand elles arriveraient à maturité, il fallait les protéger. Cet homme avait un grand cœur et proposa tout de suite de venir goûter sa première récolte. A compter de ce jour, la plus grand partie du temps se passa de l'autre côté du mur, ce vieux monsieur vivait seul et une grande amitié s'instaura.

Les trois semaines s'écoulèrent rapidement et le retour au foyer se prépara. Il n'y avait personne dans l'établissement fin août, seuls quelques amis étaient présents, quand l'un d'eux pensa tout haut : « dis à ta mère que tu veux rester encore un peu, vas-y dis-lui ! ». L'esprit répondit alors : « Mère a tellement souffert pour que je revienne près d'elle, je ne peux pas lui demander ça ! ». La tristesse envahit le cœur, il fallait tout quitter en sachant que les camarades étaient devenus avec le temps une famille à part entière. La fatigue du changement encourageait le non-attachement, s'accumulant de manière forcée dans le cœur. L'éducateur le savait pertinemment, il ne serait pas possible de se revoir à la rentrée. Comment interpréter ces instants qui naissaient et s'effaçaient ? comment se construire sur des bases aussi changeantes ?

L'esprit épris de lassitude fit les bagages une fois de plus pour un autre ailleurs. Mère vint quelques jours plus tard au foyer reprendre ses enfants définitivement. Le cœur lourd et l'esprit rempli de tristesse de n'avoir pas vu l'éducateur, le chemin vers l'ailleurs commença. Ne sachant où les pas conduisaient, suivant la marche cadencée de Mère, la surprise fut totale à l'arrivée dans le nouveau lieu qui n'en était pas un. Quel surprise ! l'appartement où la vie se reconstruirait était l'ancienne demeure de la famille, l'endroit de tous les sévices. L'esprit s'arrêta, confus et angoissé, sur le pas de la porte, posant les sacs au sol en regardant Mère avec un air dépité. Le corps, pris d'une angoisse incontrôlable à l'idée de trouver monsieur Père dans un recoin, fit le tour de l'appartement de manière frénétique. Inspectant tous les endroits cachés afin d'accorder à ce lieu la possibilité d'être celui du nouveau départ. Après l'inspection minutieuse, l'esprit s'apaisa et malgré une réticence marquée par une peur relative, l'installation commença pour une vie toujours aussi tourmentée.

***

Les balbutiements du langage subtil

Approche d'une nouvelle forme de langage axé sur la proximité et la profondeur du lien entre deux individus. Tout comme le ferait une extension du langage créant une ouverture intérieure complémentaire afin d'échanger avec autrui. Le regard comme support extérieur rendant l'échange subtil en situation de groupe. Une lucidité qui s'insère au quotidien, accompagnant les actions afin d'en garantir l'impact sur l'instant tout en développant la logique. Les animaux sont très réceptifs à cette forme d'échange subtil, le lien à leur contact se renforce.

Le langage subtil

Il est une continuité de la parole, se manifestant quand les liens entre deux individus sont purs, libres et fluides. Les esprits fusionnent en un espace dénué de concept et peuvent ainsi se comprendre sans parole. Cette forme de langage est oinhérente à tous les êtres, certains vont le vivre de manière très naturelle, d'autres devront s'y exercer. Seul le manque d'ouverture, la confusion profonde et l'attachement aux cinq sens altèrent de manière très puissante la sensibilité à cette forme de communication.

Être la Voie

Une vie à observer son esprit

Volume II

La Bodhicitta : est le chemin

La vérité de la souffrance, la vérité des causes de la souffrance, la vérité de la cessation de la souffrance, la vérité du chemin qui mène à la cessation de la souffrance.

Les quatre nobles vérités

Première partie - Volume II

La Bodhicitta[13] : est le chemin

Quand la mort parle de futur…

Le cheminement d'un être humain sur Terre ne peut être vécu de manière authentique, sans en connaître son essence. Cette quête, aussi subtile soit-elle, peut être consciente ou inconsciente, se dévoilant suivant l'intimité entretenue avec son intériorité. L'enchaînement de ce vécu sur terre dépendra en partie

---

[13]**Bodhicitta :** Est un état d'esprit compassionné essentiel pour atteindre un état dénué de souffrances appelé l'omniscience. Elle a deux aspects : l'aspect souhaitant le bien d'autrui et celui souhaitant établir tous les êtres sensibles dans un état qui transcende la souffrance.

d'éléments de vies antérieures, de choix éclairés relatifs à ce présent, et d'éléments plus ou moins nuancés venant de l'environnement. Le tout, en corrélation avec l'élan fondamental de tout être vivant, la recherche d'une absence totale de souffrance.

C'est ainsi, que des êtres passeront toutes leurs existences à rechercher un bonheur éphémère dans leur environnement extérieur, et d'autres laisseront le temps alimenter leurs intériorités au gré de mirages. Errant sans cesse d'une situation à l'autre en négligeant totalement l'impact de celle-ci sur leurs esprits.

Mais quelle est cette quête intérieure, dont les larmes, la peur et le courage en sont les fruits à son apogée ? Quelle est cette essence subtile si proche et si lointaine à la fois, ne laissant aucun répit à la découverte d'un soi chimérique ?

C'est ainsi, que pendant de nombreuses années, les questions se succédèrent en l'esprit, comme un flot incessant de vagues, se heurtant à une ignorance toujours plus spacieuse. Créant un désespoir si puissant et une incompréhension si vaste, qu'ils arboraient un sourire de victoire en guise de récompense. Les souffrances se sont alimentées de l'ignorance, dévoilant une absence totale de profondeur dans leurs approches et leurs analyses intérieures.

La lassitude de l'existence se fit sentir, s'ajoutant inlassablement au rejet d'un monde extérieur, prônant l'absence d'affectivité et l'abondance de la désillusion. La perte de repère devint insidieuse, sombre, et l'éventualité d'une mort à l'adolescence frappa à la porte de l'esprit avec force et logique, lui laissant croire l'éventualité d'une liberté légitime.

Puis, l'instant exact où la pensée de quitter cette vie émergea du néant, une force incroyable fit jaillir un espoir empli de saveurs et de compassion pour autrui, stimulant la conclusion évidente : « la Bodhicitta : est le chemin ! ». Tout comme une flamme élimine instantanément l'obscurité, l'essence primordiale se dévoila à l'esprit et la beauté lucide d'un état ultime entra sur le chemin, manifestant l'abandon du désespoir à jamais.

Rien, ni personne ne peut apporter une réponse à la question existentielle : « Que suis-je venu faire sur terre ? ». Seule une recherche intérieure assidue, agrémentée d'examens logiques et profonds de l'esprit, laisse apparaître le chemin qu'empreinte le continuum mental dans sa quête d'absence de souffrances.

L'apprentissage d'un regard constant tourné vers l'intérieur, associé à une empathie compassionnée dirigée vers autrui, est, de ce fait incontournable. Le voyage aux confins de l'esprit transformera progressivement les perceptions, permettant aux remises en questions de devenir habitudes.

Le chemin vers une libération de toutes formes de souffrances, sera à jamais le souffle vital transcendant au contact de la sagesse, les aléas des causes et des conditions pour le bien de l'ensemble des êtres.

Chapitre I

Retour vers le commencement…

Le voyage physique, en 2018, vers une destination étrangère en arborant la bannière de l'intériorité, est un véritable enseignement à lui seul. Partir à l'autre bout du monde de manière autonome, requiert une justesse accueillant librement les causalités liées au détachement du pays d'origine.

Le lâcher prise doit être authentique, dénué de toutes idées préconçues pouvant interagir insidieusement sur le déroulement du présent. Constatation évidente que les élaborations intellectuelles, relatives aux jugements et comparaisons sont absentes au cœur de la découverte.

Seul un état d'ouverture compassionné et de lucidité accompagne les réflexions intérieures. Accueillant librement ce que les instants dévoilent et enseignent comme sagesse, tout en restant équanime[14] envers le tout. Il ne demeure aucune peur, aucune appréhension, aucune demande, ni aucun doute face au présent. Juste une profonde liberté débordant d'humilité d'être à sa place, sans attente, sans contraintes d'aucunes sortes. Le voyage extérieur peut alors engendrer un voyage intérieur dans toute sa nudité, un épanouissement et une transformation de l'esprit au contact d'autrui.

Mi-décembre 2018, jour du départ vers Bodhgaya[15], le sac à dos débordant d'offrandes pour les plus démunis était prêt. Et la distribution organisée avec l'aide d'un ami sur place à la mi-janvier devrait être un franc succès. Tout d'abord dans une école défavorisée en cours de création, en participant à son développement et à l'épanouissement des enfants de tous âges avec du matériel scolaire. Puis, une distribution de vêtements et de denrées alimentaires, dans différents petits villages aux alentours de Bodgaya (la ville sacrée) grâce à la générosité de donateurs Français.

Tout à coup, après avoir soigneusement rangé le sac à offrandes, l'intuition chuchota à l'esprit de consacrer une attention particulière à la confection du bagage à main. En effet, jamais auparavant la nécessité d'y réfléchir n'était apparut, et subitement, il fallait y mettre en abondance vêtements et éléments personnels. Le corps s'exécuta de manière machinale, tout en étant le prolongement de l'intuition au quotidien.

Le jour du départ venu, tout se passa idéalement au départ de Paris, et après un voyage plutôt agréable, l'avion amorça sa descente vers Delhi. Une fois la douane passée, l'attente infructueuse du bagage en soute commença et à la stupéfaction de l'esprit, il ne se présenta pas sur le tapis.

---

[14] **Equanimité** : perception équilibrée de toute choses, individus, émotions etc......
[15] **Bodgaya** : ville à plus de 1000km à l'Est de Delhi et lieu sacré où le Bouddha atteignit l'état d'absence de souffrances (l'éveil) 2600 ans auparavant.

En un instant, l'esprit se laissa envahir par l'impermanence qui, tourbillonnante, engendra instantanément le détachement. S'éteignant à son tour dans l'espace, canalisant toute réaction subite et impulsive reliée à une perte définitive éventuelle.

La seconde d'après, une constatation émergea, laissant entrevoir qu'une absence du bagage en soute éliminerait totalement la possibilité de soutenir les plus défavorisés. Plaçant l'esprit dans un état d'empathie immédiat vis-à-vis d'elles, et empêchant la négligence face à cette perte de s'installer.

Suivit ensuite, l'inspection du contenu exact de ce sac avec méticulosité et clarté par la mémoire photographique, installant la conclusion que l'indispensable était là, à portée de main suite à l'intuition d'avant départ.

A l'instant où l'acceptation pointa son nez, le regard se dirigea vers le responsable de la compagnie aérienne, afin de faire valoir cette absence sur le tapis. Exposant la situation, le rire put emplir l'espace au moment où l'image d'un bagage préférant voyager seul effleura l'esprit.

Le détachement associé à l'impermanence, montra toute sont intensité spontanée et rien ne pût troubler l'équilibre intérieur. La concentration et le pragmatisme prirent place calmement, et après avoir exécuté les démarches nécessaires, le bagage solitaire arriva à Gaya[16] quelque jours plus tard. Il est vrai que son poids de 17 kg en fit un vrai supplice physique et son arrivée en différé, un réel soulagement.

Le voyage continua avec entrain vers la gare de Delhi, avec l'expérimentation atypique d'une nuit de train couchette six personnes, agrémentées de la découverte surprenante de chanteurs nocturnes, qui accentuera une fatigue déjà bien présente.

Cette période de décembre est propice aux pèlerinages dans le Bihar[17] par son climat plutôt clément et surtout par la teneur des enseignements qui y sont donnés à Bodgaya. Les moines et

---

[16] **Gaya** : ville du Bihar à l'Est en Inde à 14 km de Bodgaya.
[17] **Bihar** : district Est de l'Inde

moniales tibétains peuvent y retrouver leurs familles, souvent séparées depuis longtemp et recevoir ensemble des transmissions uniques. Sa Sainteté le XIVe Dalaï Lama y confère ses bénédictions, tout en stimulant la pratique en chacun. De grands érudits se joignent à lui et le lieu où le Bouddha a atteint l'éveil, si tranquille pendant la mousson, se transforme en vagues incessantes de pèlerins vaquant à leurs occupations, d'offrandes, de pratiques, de prosternations etc…

Un souvenir revint, frappant à la porte de la conscience. Sur ce même lieu quelques mois auparavant en août, imprégnée par la récitation intensive de mantras[18]en circumambulant autour de l'arbre sacré (l'arbre de la Bodhi), l'intuition glissa une suggestion : « tu dois voir sa Sainteté le Dalaï Lama en décembre ! ».

La requête précieuse enfouit en l'esprit de soumettre à Sa Sainteté de conférer une initiation de Manjushri[19], devint un rayonnement incontournable sur le chemin participant ainsi aux causes et conditions menant à la réalisation de ce voyage de décembre. Une pensée, corrélée d'un souhait pur pour l'ensemble des êtres, en furent la conséquence.

Puis, peu de temps avant le départ de Paris, un formidable concours de circonstances se produisit. Le bureau de Sa Sainteté le Dalaï Lama, annonça qu'il transmettrait à la suite de son programme d'enseignements, l'initiation de Yamantaka[20] ainsi qu'un cycle complet de Manjushri (La roue des enseignements du Jamyang Choekor)[21]. Le continuum mental recevrait alors, un influx extraordinaire du Bodhisattva de la sagesse transcendantale, attendu secrètement depuis tant d'années. La requête n'aurait plus lieu d'être, elle s'éteignit dans l'espace car cette annonce la comblait au plus haut point.

---

[18] **Mantra** : formule sacrée tibétaine

[19] **Manjushri ou Jampeyang en tibétain** : Boddhisattva de la sagesse transcendantale

[20] **Yamantaka** : Divinité courroucée de Manjushri

[21] **La roue des enseignements du Jamyang Chöekor** : Initiations des différentes émanations du Bodhisattva de la sagesse Majushri.

Tous les grands érudits, de toutes les traditions bouddhistes tibétaines du monde seront présents lors de cette occasion unique. Leurs bénédictions et leurs énergies à l'endroit même où le Bouddha atteignit l'éveil 2600 ans plus tôt, seront un privilège inestimable. Quant à se fondre dans cette atmosphère propice à l'épanouissement intérieur, une incommensurable gratification. L'esprit se laissant submerger par une force indescriptible, dont profondeur et pureté en sont les emblèmes, épurera plus en profondeur les voiles liés à la confusion et l'ignorance.

À cet instant, observant les causes et les conditions qui ont jalonné ce chemin parsemé de transformations et réalisant qu'elles avaient créé cette opportunité extraordinaire d'être en la présence de Sa Sainteté le XIV Dalaï Lama, une joie indescriptible enveloppa l'instant d'une douceur floconneuse.

Les souvenirs passés prirent une autre dimension, s'éclaircissant pour n'être finalement plus un fardeau, mais une bénédiction. Laissant entrevoir une fluidité au sein du présent, transformant de manière ludique et constructive des douleurs auparavant insurmontables.

C'est à la fin de l'été 1981, âgée de onze ans que Mère vint au foyer une dernière fois, afin d'extraire définitivement ses deux enfants de l'Assistance Publique. Pour elle, une vraie délivrance et une profonde fierté, en se remémorant toutes les épreuves traversées. Pour les enfants, un autre déchirement, une autre séparation dont les conséquences douloureuses, mettront de nombreuses années à se faire plus discrètes.

Le cœur lourd et l'esprit submergé d'amertume, le chemin vers l'ailleurs commença. Ne sachant guère où les pas conduisaient, le corps suivant tête baissée la marche cadencée de Mère. Quelle fut la surprise, quand, arrivés sur ce nouveau lieu de vie, l'esprit réalisa médusé qu'il n'en était pas un. Quel stupéfaction ! l'appartement où la vie devait se reconstruire serait, en fait, l'ancienne demeure de la famille, le lieu de tous les sévices vécus par le passé. L'esprit et le corps s'arrêtèrent spontanément, confus et angoissés sur le pas de la porte comme tétanisé. Posant les bagages au sol, le corps hébété mit un moment avant de se mouvoir et d'entrer dans cet endroit. L'angoisse omniprésente de rencontrer monsieur Père au détour d'un recoin fut persistante. Frénétiquement le corps se mit à courir, inspectant minutieusement tous les espaces. Puis, l'esprit encore un peu béat, reprit le dessus et finit par acquiescer au nouveau départ vers une autre histoire.

Le retour à l'école sonna comme une punition et les obligations dictées par les aînés, commençaient à se transformer en un vrai fardeau. Les adultes ne sachant comment écouter et entendre les douleurs proliférant à l'intérieur, devenaient progressivement des entraves à l'épanouissement. Très souvent, il était possible de constater que les discours éloquents et les actes, raisonnaient de manière dissonantes. La confiance en eux, s'effilochait au gré du temps et rien ne semblait pouvoir arrêter cette progression inexorable en l'esprit.

Le passé au présent

Après plusieurs semaines dans cette nouvelle ancienne demeure, les habitudes dévoilaient une réalité totalement changeante. Mère s'acharnait chaque jour au travail, y consacrant tout son temps en négligeant de se nourrir correctement au déjeuner. Son courage et sa détermination demeuraient inébranlables, créant une admiration grandissante empreinte d'un amour peu démonstratif. Ses enfants construisaient le centre de son monde et rien, ni personne, n'avait la capacité de l'en détourner.

Mère fut en conséquence rarement présente, s'insérant inlassablement tôt le matin dans les entrailles de la terre et rentrant le soir exténuée après douze heures d'un travail harassant. Pour les enfants livrés à l'absence d'une quelconque autorité, condamnés à l'autonomie, le développement d'une maturité par l'expérience fut le seul remède. Après l'école, les devoirs n'engendraient aucune obligation, quant à la quête de distractions et de rencontres amicales, elles emplissaient l'espace.

La vie dans ce quartier populaire de Paris, s'organisait autour d'une place spacieuse au sommet d'une colline, entourée de tours immenses chatouillant les nuages. Les enfants aux vécus similaires s'y retrouvaient après l'école, utilisant le sport comme échappatoire aux divers tensions, aux réprimandes et surtout, aux litiges entre adultes. Enfants battus, mal aimés ou négligés, tous prônant une histoire peu enviable, agrémentée de larmes et de solitude.

Les rapports de force entre les enfants semblaient couler de source, commençant par se jauger du coin de l'œil pendant l'effort, essayant d'entrevoir faiblesses et qualités de chacun. Les règles tacites au contact de la rue, construisaient de nouvelles habitudes dans le rapport à autrui. Tout en étant initiées par une forme de responsabilisation, accompagnée d'une autonomie forcée, sans encadrement, donc sans limites.

La première rencontre formelle avec les jeunes, se fit dans le petit square d'à côté par une belle journée d'automne. Jouant tranquillement avec Frèro, un groupe de quatre enfants à l'allure rebelle, entrèrent et voulurent en découdre avec la patience. Leurs discours enclins à la provocation, s'amusant des limites de l'insinuation, commencèrent à devenir houleux. Puis, un de ces provocateurs proposa d'être ami, plutôt qu'ennemi, se divertissant de la situation.

Constatant finalement de grandes similitudes dans les rapports familiaux, la moquerie muta en franche rigolade et une complicité naissante s'amorça pour de nombreuses années.

Vivre sous l'influence de la rue, inculquait insidieusement de nouvelles règles humaines, empreintes de codes stricts dont le respect, quoique tacite, alimentait l'équilibre en l'absence d'attention de la part d'adultes. Chaque jour, l'amitié se renforçait, devenant au fil du temps un phare dans l'obscurité. Un soutien précieux dans le dédale de conflits intérieurs, que chacun expérimentait individuellement en secret. Les enfants du quartier, organisaient leurs propres cadres de vies autour d'un besoin fondamental de découvertes et de confrontations à l'encontre des limites instiguées par les aînés. Braver les interdits stimulait à grande dose d'adrénaline, apportant une impression de toute puissance sur les instants.

Au sein de la famille, peu de temps après l'arrivée dans l'appartement, petit frère quitta l'hôpital définitivement. Après trois années de soins allongé sur le ventre, des poids fixés à l'aide de ficelles aux extrémités de ses deux jambes, ses premières expériences de l'existence furent laborieuses. Mélange de solitude et de négligence au sein d'un endroit austère et froid. Se déplaçant difficilement sur un lit roulant, sa vie se résumait à la salle informatique, s'initiant très rapidement à la programmation avec l'arrivée des premiers ordinateurs.

Il rejoignit sa famille dans l'année de ses six ans et le souvenir de sa petite enfance, dominée par le goût amer de la souffrance physique. Toujours malade d'une jambe, un appareillage sophistiqué, permettait à celle-ci d'éviter le sol quand il se déplaçait. Un vrai handicap, car beaucoup de chose lui étaient interdites et les moqueries des camarades d'école, ajoutaient à sa solitude le fléau de la colère envers autrui.

A la maison, de nombreux conflits de caractères, de jalousies régnaient en maîtres dans cette fratrie et les passés hétéroclites, ajoutaient tout autant de diversités dans l'appréciation des instants. Une entente très sommaire apparut, rendant la vie familiale peu solidaire, laissant flotter l'étendard du chacun pour soi.

Des rendez-vous chez un médecin de l'esprit s'organisèrent, répondant à l'obligation d'un juge et d'une assistante sociale. Il évalua à l'aide d'un simple dessin comme support, les conséquences dévastatrices sur l'esprit des enfants au contact de plusieurs années de maltraitances et de peurs. Les douleurs intérieures béantes chez Frèro devenant visibles aux travers d'attitudes, de comportements inadaptés et d'un langage peu éloquent, l'obligèrent à se rendre à son cabinet le mercredi.

Mère souffrait discrètement en subissant ces perpétuelles conflits de caractères, car à ses yeux son amour identique pour chacun, ne semblait pas être assez puissant. Combler l'absence d'autorité et des besoins affectifs grandissants chez ses enfants, devenait une source d'angoisses permanentes. Ses douleurs sculptaient discrètement une expressivité sur son visage et l'entendre spéculer sur une mort éventuelle ou pleurer à chaudes larmes, ajoutait un goût pesant sur les instants. L'aider au mieux tout en se construisant, s'imposa malgré les obligations de l'enfance. Être à l'écoute de son profond désarroi, sachant pertinemment qu'elle n'aurait guère la force de pallier à des attentes affectives ou spirituelles d'une enfant de onze ans.

C'est dans ce contexte, que la totalité des apprentissages du passé au sein des divers structures de l'Assistance Publique, montrèrent de véritables acquis au quotidien. Ce lien causal entre expériences et conséquences, devenant au fil du temps des points d'ancrage aux difficultés du présent. Tout en constatant l'étendue d'une solitude intérieure s'accentuant insidieusement, malgré les nombreux soutien liés à l'amitié. Transformant progressivement une source d'inconfort aux visages multiples, en un état permanent et intimiste instigué par l'absence d'écoute.

Au contact de la rue

A l'école, les difficultés de l'insertion semblèrent une expérience bien connue, qui, après avoir suscité une légère appréhension à la rentrée, laissa place à une camaraderie franche et entière. Une attirance amicale, se dessina assez rapidement vers le genre plutôt masculin que féminin. Le passé ayant privilégié protection et soutient associés à une certaine force de caractère, transformèrent radicalement la relation à la féminité dans son ensemble. Ajoutant à cela l'absence de paternité et de représentation masculine protectrice auprès de Mère, éloignant de manière irrémédiable les attitudes et autre attributs du féminin. La coquetterie et les peurs futiles furent reléguées assez vite au second plan, n'ayant aucune nécessité au fondement des aléas du présent.

Les robes que Mère s'obstinait à acheter, restaient désespérément dans l'armoire au détriment de tenues confortables à la pratique de différents sports. L'attirance vers le genre masculin sonna comme une certitude quand, au sein du groupe de vagabonds, il fallait s'imposer pour insuffler le respect. La féminité ne trouvait plus d'écho probant et les activités suscitées par l'aventure, la découverte, demandèrent toujours plus de courage et d'impétuosité au quotidien. L'acceptation d'une fille aux allures de garçon, fut possible en s'appuyant sur une amitié sous forme de protection à double sens.

À cet époque, dans les années quatre vingt, les différences quelles qu'elles soient suscitaient une perception erronée par la masse populaire, aboutissant à un isolement précaire et des jugements hâtifs. Les faibles ressources financières d'un foyer devenaient l'étiquette peu envieuse des moins que rien, engendrant une forme de mise à l'écart par la société. Les multiples conséquences se répercutaient sur la jeunesse, dont la pauvreté matérielle et affective arborait des entraves supplémentaires à l'épanouissement.

Les enfants considérés comme des parias, subissant l'étiquette de délinquants juvéniles, n'avaient d'autre alternative que l'adoption de leur propre langage et attitude. Aucun crédit ne leur était accordé par l'écoute, quant à leurs volontés de se montrer dignes des mieux lotis, des rires discrets envahissaient les visages. Crapahuter dans les rues, insuffla chez ces jeunes la volonté de ne jamais cautionner un monde jugeant et étiquetant par ignorance.

Baignant aux côtés de cette état d'esprit, une nouvelle famille s'organisa au sein de ce quartier. La jeunesse des rues devait s'éduquer seule, prenant exemple sur des stimulations qu'elle concevait comme authentiques : l'amitié fraternelle, la liberté, l'aventure et la découverte du monde.

Ainsi, à l'intérieur de ce dédale de concepts, une valeur humaine profonde se détachait de toutes les autres : « le respect d'autrui ». Dégageant à elle seule, un ancrage dans les habitudes et le caractère de chacun, car sans elle, aucune relation amicale n'avait la capacité de naître et de prospérer dans cet environnement. S'établissant librement sur une base innée à laquelle tout être vivant pouvait s'identifier, personne n'osait la remettre en question une seule seconde.

Chaque jour, cette valeur humaine diffusait des aspects toujours plus complexes. La loyauté par exemple, devenant si limpide, créait l'obligation qu'en l'absence d'un ami, il n'était guère possible de le discréditer. Quant à la cohésion du groupe pourvu de cette forme de solidarité humaine, elle transformait inévitablement un litige individuel en celui d'un ensemble.

Une famille humaine ! développant des aspects méconnus individuellement et si chers à la communauté de la rue. Quant au langage, le « Verlan » indéchiffrable par les aînés, s'articulait en inversant les syllabes des mots et apportait une crédibilité supplémentaire à l'autonomie.

Une grande diversité culturelle régnait ainsi dans ce milieu de vie, dont les enfants s'en appropriaient une interprétation correspondant à l'image qu'ils s'en faisaient. Les mélanges de situations familiales, d'activités et de caractères, firent de la rue une niche d'apprentissages extraordinaires. La rencontre avec les violences physiques et morales, ainsi que les diverses possibilités d'addictions, pouvaient aisément trouver une parade constructive en maîtrisant réaction et parole.

C'est ainsi que la rue élevait ses enfants, prônant des qualités précieuses comme la loyauté, le respect d'autrui ou la solidarité, tout en étant constamment étiquetée par les aînés comme source de marginalisation et de délinquance.

Les pouvoirs de l'amitié

L'amitié en milieu scolaire ainsi qu'au sein du quartier, prenait une place prépondérante dans le quotidien. Les relations humaines, procuraient un engouement certain, stimulant l'échange et le partage comme bases primordiales. Instiguant intérieurement équilibre et empathie, tout en développant la faculté de se mettre à la place d'autrui, en cernant ses joies, ses doutes et ses douleurs.

Les liens humains pourvus d'empathies, prônaient une dimension beaucoup plus vaste qu'auparavant, permettant d'expérimenter des subtilités relationnelles encore inconnues. La compassion pour autrui déjà bien ancrée de manière semi-consciente au foyer de l'Assistance Publique se développa, suscitant légèrement plus de lucidité malgré la confusion affective, qui, elle, paradoxalement grandissait.

Les actions du corps, semblaient parfois venir de nulle part et la multitude d'individualités changeantes aux contacts du temps et des expériences, se révéla être un trésor inestimable au développement de l'impartialité.

La ville devint progressivement le terrain de jeux privilégié d'une dizaine d'enfants livrés à eux-mêmes, s'instruisant au grè des expérimentations collectives et individuelles. Le champ des possibles au contact de ce lieu de vie, associé à des besoins irrépressibles de découvertes, accentua la diversité des aptitudes physiques et mentales.

Il régnait au sein du groupe une harmonie précieuse où chacun jouait un rôle bien défini, en adéquation avec ses propres particularités. L'ensemble formait une cohésion, capable de surmonter les peurs et intimidations de toutes sortes, de transcender par l'unité une incapacité individuelle. Les plus faibles, sentant l'aura protectrice des plus charismatiques, arboraient leur appartenance avec fierté. L'ensemble, conduit par le plus sage, insufflant droiture et respect dans ses décisions, chaque conflit rencontrait une issue authentique et pure en équité. Les idées constructives associant sécurité et distraction, forgeaient des caractères enclins à la rébellion.

Il y avait, bien entendu, au sein du groupe la dissonance virulente de celui ayant constamment des suggestions infructueuses sans l'ombre de discernement. Croyant en le bien fondé d'une approche négative, essayant tant bien que mal d'attirer l'attention avec des arguments orientés vers la méchanceté verbale et l'action néfaste. Personne ne prêtait guère d'attention à ses allégations et si sa persistance dépassait le seuil du tolérable, il était rejeté par le groupe de manière plus ou moins intransigeante. Ayant pour seule opportunité, de suivre le mouvement en restant silencieux. Les enfants étaient leurs propres sources d'éducations sans en avoir conscience, discernant le bien du mal en fonction de leurs vécus passés.

A cette époque, de nombreux chiens et chats déambulaient dans les méandres des rues et des impasses, abandonnés lâchement par ignorance. S'alimentant au gré de déchets laissés à l'abandon et tombant d'épuisement dans un coin après une journée d'errance. Ces animaux faisaient jaillir de la compassion dans le coeur des enfants, se ressemblant quelque peu dans cet état d'abandon. Différentes actions naissaient à leur rencontre, émergeant d'un sentiment de responsabilité à leur égard. Les accompagnaient dans leur quête de subsistance et d'un refuge pour la nuit, faisaient parties intégrantes de la vie vagabonde en ville.

Et c'est ainsi, que par une belle journée de printemps, un magnifique berger allemand semblant perdu et désorienté, croisa la route des enfants. Ne sachant pas vraiment où aller, il se mit à suivre avec engouement le groupe, venant de lui offrir une maigre pitance. Son regard apeuré demandait de l'aide, de l'attention et surtout beaucoup d'amour, ce que les enfants ne manquaient de lui offrir sans aucune restriction. Chacun allant avec entrain sans peur lui prodiguer de nombreuses caresses. Toute la journée il s'inséra au sein du groupe, se dandinant fièrement au côté de ses nouveaux amis. Puis, tout à coup, une femme d'un âge certain, surgit et commença à réprimander sans aucune raison apparente, brandissant des mots sans fondement, en essayant de protéger le chien des vagabonds. Avant même qu'elle eut fini sa phrase et au moment où les enfants commencèrent à vouloir se justifier, le chien prit la parole et asséna un aboiement féroce à son encontre tout en se déplaçant vers elle, protégeant ainsi ses amis. La femme surprise par la réaction de l'animal, se tut et continua penaude son chemin. Les vagabonds se mirent à rire aux éclats, comprenant que leur amour pour ce chien était similaire à celui qu'il se prodiguaient entre eux.

Tous les animaux stimulaient le respect et quiconque s'aventurait à en douter, recevait une sommation d'arrêter sur le champ de la part des enfants. Prenant le risque de recevoir une pluie d'adjectifs peu vertueux ou de se faire mordre en guise de finalité. Les êtres pouvaient se reconnaître à travers un lien les unissant à des douleurs similaires, telles que le désarroi et l'abandon.

Tout comme le feraient les membres d'une même famille, la protection des animaux et la préservation du vivant, sonnait l'éthique d'une jeunesse considérée déviante par cette société.

De découvertes passionnantes en stimulations nourrissantes, les escapades de cette jeunesse en quête d'authenticité et d'absence de contraintes, forgeaient les caractères. Profitant d'une maturité percevant ces multiples richesses et avantages un chemin riche et lumineux se dévoilait.

Une diversité mêlée d'empathie comme base, façonnait le prélude à l'acceptation de tous les êtres au sein d'une même et grande famille en l'esprit.

Naissance d'une habitude insoupçonnée

Après avoir initié de nouveaux repères extérieurs au sein de ce lieu d'habitation, tout en s'insérant dans un environnement aux multiples influences passées, la continuité intransigeante d'une recherche de stabilité intérieure fit émerger un visage inédit et déroutant.

Les bases d'une vie familiale atypique, ajoutant à celle-ci l'absence d'affectivité similaire à tous les enfants errants, une solitude semblait constante. Le regard sur l'intérieur dévoilait quant à lui de nombreux questionnements tournoyant sans cesse, ne laissant aucun répit aux larmes. Ils ressemblaient étrangement aux visages de ces pensées sombres, ancrées au passé, qui, n'ayant trouvé de réponses, revenaient à la charge en tambourinant à la porte de la conscience.

Comment assouvir par la compréhension, des manques affectifs à répétition au cœur de cette nouvelle réalité ? Comment ne pas se perdre dans ce dédale d'ignorances absorbant le substrat de la joie?

Puis, une luminosité déchira un voile. Il fallait s'éduquer en totale autonomie, utilisant le support de l'expérimentation et de ses conséquences. Cette réflexion déjà présente au creux d'une philosophie de vie au contact de la rue, devint un état propre à l'épanouissement individuel. Car rien, ni personne ne semblait vouloir apporter de réponses, malgré une curiosité et un engouement exacerbés. Il restait, bien entendu, à expérimenter le comment.

Car cette quête de liberté identitaire et affective, incitant profondément ce regard sur l'esprit appréhendant sont propre vécu en utilisant la logique consciente, demandait un tel courage, une telle détermination. Qu'il devint bien difficile de ne pas douter de son approche, de sa mise en pratique. Le discernement intuitif inné qui jadis permit de ne pas sombrer dans les affres de la torpeur, devait devenir lucide dans sa logique afin d'être accepté par l'esprit en profondeur. Les doutes s'accumulèrent donc sans effort, ajoutant de l'inconstance au présent déjà fragilisé par la confusion.

En 1982, la vie de famille s'articulait autour d'une scolarité peu enviable où chacun y puisait ses propres repères intellectuels, d'une absence d'autorité en journée et de sciences humaines stimulées par autrui à l'extérieur. Le sport, quant à lui, prit une place prépondérante, servant à canaliser un excès d'énergie à l'image d'une soupape de sécurité. Créant ainsi, un équilibre émotionnel indispensable, tout en préservant l'harmonie du discernement au quotidien.

Chacun des enfants vivait de manière indépendante. Les parcours et orientations si divers, avaient eu raison d'une cohésion familiale. Mère devenait peu à peu le seul lien unissant impérativement les enfants. Ajoutant à cela le peu de moyens afin de satisfaire l'appétit frugal de sa progéniture, les difficultés se faisaient une part belle en fin de mois. Et parfois, la situation précaire était telle que le choix de la sincérité incitait Mère à faire appel à l'indulgence de ses enfants. Elle proposait alors : « les enfants, je n'ai pas assez d'argent pour que l'ont mange de la viande ce soir. Que diriez-vous d'un petit déjeuner avec de la baguette, ont pourrait acheter un paquet de chips et une canette de soda à chacun pour regarder la télévision ? ».

Connaissant les difficultés affrontées par Mère aux moments des courses, les enfants s'unissaient joyeusement, limitant ainsi la culpabilité qu'elle pouvait ressentir. La viande prenait une place imposante dans l'assiette à la cantine le midi, les enfants se réjouissaient d'avoir une autre alternative que du carné au dîner.

Sans le savoir, Mère sema une graine précieuse dans le continuum mental où sa sincérité et sa franchise serviraient d'appuis, instiguant une base sur laquelle l'humilité s'épanouirait sans entrave.

La notion de paraître vestimentaire en société, surprenait aussi le budget de Mère de temps à autre. Car les regards ambigus et les sourires moqueurs des camarades d'école montrant du doigt l'absence de goût, mettaient à mal l'égo. Demandant toujours plus, afin de combler le désir de ne pas être catalogué par manque d'argent. L'étiquette de la pauvreté semblait tenir à cœur, bien plus que les problèmes pécuniaires de Mère, seule avec quatre enfants.

Trouver l'équilibre entre soutien et attente envers elle, relevait parfois d'une réalité ambiguë et l'acceptation de léguer au plus jeune les vêtements des plus vieux, un léger soulagement. Seule, sans aucun appui, essayant en permanence de rendre les exigences moins pesantes, accentuait incontestablement la volonté de la soutenir avec compréhension.

Malgré cela, de Mère émanait une tristesse insaisissable, si profonde que son regard ne trouvait la paix. Son visage empreint d'un tel désarroi, d'une telle confusion, rendait son sourire durant de brefs instants de répits, aussi précieux que la découverte d'un joyau inestimable. Cherchant inlassablement à multiplier dans le temps à l'aide de l'humour, ces petites lueurs d'apparent bien-être.

Chaque mercredi, l'école fermait ses portes et l'ensemble des enfants du quartier se rejoignait au sein d'une autre structure dédiée, elle, aux divertissements de toutes sortes. L'occasion d'expérimenter un lien communautaire et solidaire légèrement différent où l'observation malicieuse de l'adulte affairé à distraire, laissait apparaître de légers sourires moqueurs.
C'est à l'occasion d'une escapade dans une aire de jeux à proximité de Paris, qu'une forte intuition, empêcha un enfant essayant d'imiter ses aînés de perdre une part de son intégrité physique.

Les rayons du soleil chatouillaient les feuilles naissantes, laissant planer une odeur juvénile au creux de la nature. Le groupe d'une vingtaine d'aventuriers s'engouffra dans un car au petit matin, chahutant comme à son habitude en chantant, laissant jaillir une excitation palpable. Occasion rare de se perdre dans un espace dédié à l'amusement, avec jeux d'escalade, de balançoires, agrémentés de verdure et de sable fin. Aubaine toujours très appréciée par une classe sociale en perdition, n'ayant aucune opportunité de s'éloigner d'un quartier devenu repère exigu.

Le groupe âgé de cinq à onze ans, se dispersa rapidement en arrivant sur les lieux, ayant sommairement tendu l'oreille afin d'écouter les recommandations des adultes. L'esprit lui, loin de se douter que discernement et réactivité du corps devraient s'unifier, laissa libre cours à la distraction en suivant une poignée d'amies connaissant parfaitement les lieux. Criant frénétiquement tout en courant vers une immense balançoire en forme de bateaux.

L'imagination foisonnante faisant le reste, un équipage entier naquit avec des matelots embarquant sur un navire pirate, dont les cales regorgeaient de somptueux trésors. Le pavillon à tête de mort hissé sur le mât, voguant sur une mer déchaînée, poussé par de violentes bourrasques alimentait les rires rauques. Les enfants pirates s'asseyant tous à califourchon, attendant avec impatience que le capitaine du navire (qui n'était autre que Fréro) debout à une extrémité, insuffle l'élan faisant décoller l'embarcation balançoire. Les pirates riaient et criaient « en avant moussaillons », tous imaginant une grand voile gonflée par le vent, brandissant vers le ciel des épées scintillantes.

La balançoire se composait de deux axes coulissants, reliés entre eux par des planches en bois, une pour l'assise et deux autres de chaque côté, plus basses servant de repose pieds. L'enfant placé à une extrémité, pouvait contrôler hauteur et vitesse en se servant du poids de son corps. Il était impératif de pouvoir poser ses pieds tout en étant à califourchon, afin de préserver l'équilibre au moment de la prise d'élan vers le haut. Le petit frère d'un ami, âgé d'à peine cinq ans, fut attiré par l'enthousiasme débordant des plus grands. Enfourchant la balançoire à l'insu de tous, il espérait ainsi devenir pirate à son tour et faire partie de cet équipage imaginaire.

Après plusieurs aller et retour de faible intensité, une impression très négative mêlée à une intuition puissante pénétra l'esprit de manière spontanée. Remplaçant le rire et la naïveté par une sensation de lucidité extrêmement intense, ordonnant au corps de descendre immédiatement.

La balançoire prit ensuite, beaucoup d'élan et commença à s'élever très haut vers le ciel, avec aux commandes Frèro, qui, utilisant toute ses forces n'avait pas remarqué ce petit garçon perdant l'équilibre progressivement. Étant trop jeune pour pouvoir poser ses pieds de chaque côté, il glissa irrémédiablement sous la balançoire. Faisant face à la scène les yeux écarquillés, demandant expressément à Frèro de ralentir la cadence, il était trop tard. Le petit corps se retrouva très rapidement sous les marche pied, rejoignant le sol à une hauteur de dix centimètres. L'enfant terrifié pleurait à chaudes larmes et se fit écraser le haut du corps une première fois. Ordonnant spontanément à Frèro d'accentuer l'élan au vu de la situation, il fut possible de l'agripper fermement par les bras. Et d'un geste délicat, ferme et rapide, de le tirer juste avant d'être broyé à nouveau par le retour de la balançoire.

Le petit garçon pleurant de douleur, ne réalisa pas vraiment la situation, constatant le sang qui se répandait sur le sol, le corps ordonna à son grand frère d'aller chercher du secours immédiatement. L'enfant s'en tira avec un trou béant à l'épaule, une clavicule cassée, surmontée d'une grande frayeur. Une fois les adultes présents sur les lieux, le corps et l'esprit se détendirent tout en s'éclipsant de la scène sans un mot.

Quelques années plus tard, l'enfant devint adolescent, n'ayant guère oublié sa mésaventure et sachant pertinemment que sans ce concours de circonstances, sa vie n'aurait peut-être pas été la même, il remercia chaleureusement d'avoir agi ce jour-là.

Ce fut la seconde fois, qu'une intuition mêlée à de l'empathie pour autrui empêcha l'intellect de prendre le dessus, permettant une réaction coordonnée entre corps et esprit. L'élan de l'empathie dirigé vers l'autre au contact de sa souffrance, n'aura de cesse de s'intensifier au fil des ans, ne laissant aucune ambiguïté quant à la direction à donner aux pensées et actions du corps.

***

Les balbutiements de l'échange entre soi et autrui

L'élan vers autrui se fait de manière plus intuitive élargissant l'ouverture d'esprit. La souffrance que les êtres vivent, attire et submerge d'empathie de manière inconsciente. L'aide physique ou morale, devient progressivement un élément fondamental de l'épanouissement. Sans en comprendre encore les racines profondes ou la manière dont cela se manifeste intérieurement, il est possible de laisser l'intuitivité prendre le dessus sur l'intellect. Une forme d'instinct humain primaire associé à une empathie puissante, se manifeste au contact de la souffrance d'autrui. Progressivement, l'autre devient si important que de le sentir en danger, déclenche une réaction inhibant totalement l'analyse intellectuelle des conséquences sur sa propre vie.

L'échange compassionné

Tout comme le parfum d'une fleur sollicite irrémédiablement le sens de l'odorat, la souffrance d'autrui attire l'être pourvu d'une profonde compassion. Une attraction si puissante qu'aucun obstacle ne peut éviter de se mettre à la place d'autrui. Cernant ainsi avec exactitude la douleur qui lui est propre, en ne laissant aucune place à son propre intellect, l'interprétation de la situation. L'échange entre soi et autrui, commence quand l'union de l'amour, de l'empathie et de la compassion ne forme plus qu'une unité. Car ils génèrent ainsi les racines nécessaires engendrant la sagesse du discernement pour qu'une action soit juste et en harmonie à l'intérieur d'un bref instant.

Chapitre II

Les empreintes de la douleur

Bodhgaya, petite ville atypique à plus d'un titre dans le district du Bihar en Inde de l'Ouest, où la plus grande concentration de temples, toutes traditions bouddhistes confondues, jalonnent les rues. À cet endroit, rayonne une flamme spirituelle au-delà de toute perception, subjuguant les mots. Le somptueux temple du Mahabodhi s'élançant vers le ciel, vestige de plusieurs décennies de destructions et d'une restauration complète en 1880 par les anglais installés en Inde à cette époque. Lieu unique où seuls les esprits délestés d'une partie de leur ignorance, peuvent y percevoir l'essence vide d'une absence de concepts. Comment décrire l'indescriptible aura d'un arbre, déployant ses branches et offrant un espace protecteur aux pèlerins venus des quatre coins du monde.

Le temps se fige, dégageant une ondée de bien-être à celui capable de s'abandonner, de s'éveiller à la quiétude de ce lieu mythique. Le corps floconneux, happé par le mouvement circulaire des offrandes, se laisse bercer aux sons de chants sacrés. Le Bouddha à atteint l'état d'éveil en ce lieu, laissant l'empreinte sublime de sa quête, à destination de tous les êtres.

Comment ignorer cette attraction subtile, incitant chaque année à s'immerger dans l'atmosphère du lâcher prise, de l'abandon du soi. Une force colossale se déploie inondant de joie les plus petites parties de l'être, ne trouvant plus aucun obstacle au voyage le menant aux confins de lui-même.

Les particularités de cet endroit sur terre sont d'une subtilité incroyable, difficilement descriptible par le langage. Les reliques sacrées jalonnant chaque parcelle sont si nombreuses, regorgeant de textes et d'ornements millénaires venus des quatre coins du monde, que rien ne peut y être comparable.

Chaque pas du regard est parsemé d'œuvres fascinantes, représentant diverses divinités bouddhistes sculptées ou peintes à même la roche. De somptueux Stupas[22] érigés par de grands érudits et surtout, une quantité incroyable d'enseignements et de

---

[22] **Stupa ou Stoupa** : reliquaire bouddhiste par excellence.

transmissions, offertes aux pratiquants tout au long de l'année. C'est dans cet écrin de spiritualité, qu'au fil des ans, l'esprit se baigne et diffuse, ensuite, au gré du vécu les innombrables bénédictions reçues.

Le temple principal de ce lieu mythique est de forme carrée pyramidale, sculpté entièrement, d'une hauteur de cinquante mètres. Il est orné aux angles de structures similaires plus petites, pourvues de portes afin d'accéder à une terrasse uniquement utilisée par les responsables du lieu.

A l'intérieur du temple principal dans le creux d'une pièce exiguë, s'offre à la vue des pèlerins une somptueuse statue de Bouddha faisant face à l'Est. Sculptée finement à partir d'un bloc de pierre noire, sa couleur dorée si particulière, apparue bien plus tard avec l'application d'une peinture à l'or fin par de grands êtres.

Les pratiquants des quatre coins du monde, témoignent une ferveur et une dévotion profonde au contact de cette statue tout au long de l'année. Déposant à ses pieds sur un promontoire des offrandes de nourritures, de fleurs, de boissons, de médecines et une multitude d'objets fabriqués par leurs soins.

Quatre moines ont la précieuse tâche, en se relayant, de rendre accessible la statue en ouvrant régulièrement une petite alcôve située à la droite de la statue. Permettant ainsi de revêtir celle-ci de trois pièces de tissus, symbolisant l'offrande sublime aux yeux des pratiquants.

La profonde dévotion de tous ces êtres, récitant et chantant inlassablement de nombreux textes sacrés, se prosternant continuellement, s'imprègne subtilement dans la pierre, conférant une énergie apaisante à cette pièce.

À l'extérieur, la circumambulation du temple par la gauche est de rigueur, avec ses deux cent trente pas exécutés pieds nus sur du marbre gris, raffermissant une voûte plantaire habituée au caoutchouc. La pratique méditative prend une dimension vaste et spacieuse, en y associant le corps et la marche, la parole en psalmodiant des Mantras secrets et surtout, avec l'esprit, visualisant différentes divinités.

Après une centaine de pas, un gigantesque arbre Pipal[23]fait son apparition sous les yeux ébahis des pèlerins. « l'arbre de la Bodhi » surnommé ainsi, après l'éveil de Siddharta Gautama sous celui-ci, il y a plus de 2600 ans. Ses branches d'une dimension peu commune sont si lourdes, qu'elles doivent être soutenues par des béquilles. Son envergure protectrice incite à la stabilité et l'humilité, donnant fière allure à la vigilance. A son pied, l'emplacement exact où le futur Bouddha médita durant plusieurs semaines et après avoir atteint l'illumination donna à ce lieu son caractère sacré.

« L'arbre de la Bodhi » devint inestimable à cet instant et dans son immense bonté, accorde à certaines saisons la possibilité de détenir l'une de ses feuilles en forme de cœurs. Il est frappant pour l'œil non averti, d'observer une course effrénée des pèlerins sous son feuillage afin d'acquérir l'une d'elles, ne restant pas plus de quelques secondes au sol et suscitant une trêve spirituelle par l'humour. Un rituel toujours aussi intense à chaque moment de l'année, mise à part en décembre, car l'équivalent du printemps raréfie ses bénédictions.

Pour les pratiquants du bouddhisme tibétain les circumambulations se nomment «Koras», exécutées en méditation, elles ont le potentiel d'inciter l'esprit à l'habitude de l'instant. Insufflant une capacité d'être libre des illusions générées par les cinq sens du corps. Les pensées ne sont plus saisies, à l'image de nuages passant dans un ciel bleu azur.

Il aurait été si fructueux, de concevoir une absence de saisie à l'occasion des affres de la douleur du passé, la multitude d'expériences auraient pu déployer un sens constructif et lumineux.

---

[23] **Arbre Pipal** : appelé aussi « Figuier des pagodes », celui de Bodgaya est nommé « arbre de la Bodhi » suite à l'illumination de Siddharta Gautama sous celui-ci.

Mais en 1982, âgée de douze ans, l'esprit cheminait de manière laborieuse au contact de l'appartement familial où sévices corporels et mentaux, laissèrent insidieusement des empreintes subtiles. Les conséquences d'un tel vécu, ne tardèrent pas à faire jaillir de manière incontrôlable des apparitions et rêves étranges, mélange de soumissions et de peurs.

Il fut bien difficile de reconnaître l'exactitude de l'impact sur le continuum mental de telles situations ou pensées. Le nocturne étant la continuité du diurne, les formes que prennent rêves et songes, échappent totalement à la lucidité toute relative en état de veille. A moins d'être un être exceptionnel où jour et nuit deviennent d'une même saveur, déceler la subtilité de conséquences n'est réalisable qu'avec une sagesse affinée et spacieuse.

La peur des rêves

L'appartement de la fratrie, se situait au septième étage d'un immeuble défraîchi, construit au sommet d'une petite colline surplombant Paris. En son centre une petite place où commerces et stands en tous genres, attiraient chaque jours les badauds du quartier. L'endroit idéal du divertissement au milieu des gratte-ciel où la pratique du sport et les pavoisements entre amis, rendaient lointain le retour aux habitudes familiales.

L'atmosphère pesante, mêlée à la noirceur ambiante de ce lieu d'habitation, préparaient en coulisse un foisonnement angoissant durant les phases de sommeil. L'approche sournoise entreprise par les négativités passées, se dissimulant insidieusement dans l'état inconscient du rêve, marqua par sa singularité. Une fois de plus, le terrain fertile de la peur associée à l'absence d'affectivité profonde, ouvrit béantes les portes d'un subconscient instable et fragile. Tout commença à l'époque où Mère rencontra une nouvelle relation intime au bal du 14 juillet, occupant de ce fait toute son attention. Être heureuse en amour revêtait pour elle, un but inaccessible et vital à la fois. Comment pouvait on se sentir aimé et croire aux joies du bonheur en ayant des enfants !

Pourtant, elle rencontra ce jour un homme, parlant peu le français, marié dans son pays d'origine et heureux père de deux filles. Ils débutèrent une relation et tout deux, semblaient se satisfaire de cette situation, sachant qu'un jour elle cesserait. Toute l'attention de Mère se focalisa donc, sur cette quête du bonheur à deux, négligeant légèrement les attentes et besoins de sa progéniture. Pour des enfants autonomes cela fut partiellement dommageable en surface, ignorant les subtilités de conséquences bien plus profondes.

C'est à l'occasion d'une soirée en famille autour d'une séance cinématographique d'horreur en noir et blanc, qu'un état de torpeur naquit en l'esprit. Jamais auparavant des images n'avaient suscités la libération d'autant d'angoisses, associant une perte totale de repères à la peur viscérale de l'absence de soleil. L'impact colossal, déclencha trente jours de frayeur nocturne, ou la seule pensée du coucher, faisait jaillir des formes terrifiantes en l'esprit. Images sombres et sanguinolentes émergeant de nulle part, engendraient un état totalement terrifié à l'idée de s'endormir près d'elles.

Chaque nuit, devint un combat effroyable entre un état positif le jour et une énergie fortement négative la nuit venue, essayant d'interagir sournoisement par l'intermédiaire du rêve. Aucun contrôle possible sur la pensée, aucun échappatoire à cet état de fait, se fut un combat déloyal, barattant les peurs et les besoins enfouis profondément.

La perte de volonté à trouver l'endormissement, déstabilisa l'état de veille aimant et compatissant, occasionnant épuisement et manque de concentration. Ces frayeurs nocturnes exacerbèrent le besoin d'amour et d'attention déjà bien présent, rendant la stabilité intérieure beaucoup plus précaire.

En journée, l'impact de cette période surprenait par son apparence, état taciturne à fleur de peau, accompagné de la perte progressive de repères. Le beau devint sombre et la laideur attirait involontairement. Les dessins si colorés, joviaux et lumineux par le passé, prirent l'apparence de squelettes en armes, devenant intéressant et si aisés à reproduire. Attraction irrémédiable du dessin noir et blanc, ajoutée à des tenues vestimentaires rigides et fades, ne laissant planer plus aucun doute, quant à l'impact fortement négatif de cette période.

La noirceur intérieure chercha par tous les moyens à s'installer au quotidien, prenant appui sur des craintes et des absences refoulées profondément. Puis, une intuition émergea de ce chaos, donnant à l'obligation affective aucune alternative : « va dans le lit de Mère pour dormir ».

Les conséquences liées à cette période sombre, mettront de nombreuses années à s'éclipser progressivement du continuum mental, rendant précaire la stabilité intérieure.

Obligation affective

Le seul antidote à cet état violent de noirceurs nocturnes, fut l'amour maternel puissant, lumineux et inconcevable. Une énergie aimante durant la phase d'endormissement, annihilait totalement toute tentative manipulatrice des rêves. Ce besoin d'affectivité parentale si longtemps refoulé par peur du rejet, surgit avec une attente démultipliée, formant la conséquence qu'absolument rien d'autre ne pouvait apporter une solution immédiate.

Le soir venu, le corps se glissa timidement dans le lit de Mère, implorant son écoute en lui dévoilant l'angoisse si pesante. Mère accepta et s'en suivi un sommeil profond et réparateur sans aucune vision nocturne. Un soulagement si spacieux que chaque soir, la même demande se répéta, mettant à mal son désir d'être au côté de son nouvel amour. Son petit ami, déplaçait de temps à autre le corps, délicatement, après l'endormissement, afin de pouvoir profiter de sa compagne.

Et chaque soir, devint un désespoir récurrent pour lequel, il n'y avait aucune alternative à la peur. L'angoisse privait tout entendement et rien n'empêchait de se glisser dans le lit de Mère, la considérant comme le remède à cette période. La suppliant de bien vouloir accepter cet état de fait, engendra une douleur supplémentaire, quand elle laissait s'échapper un agacement quelconque. Négligeant la peur et son amplitude, elle minimisait l'instant au détriment de son droit au bonheur. Au moment où l'agacement de Mère atteint son apogée, les terreurs au sein des rêves s'arrêtèrent, aussi subitement que leurs apparitions.

Le cours du quotidien nocturne reprit son rythme, laissant des conséquences négatives très diffuses en journée. De nouvelles craintes apparurent, construisant des réactions et attitudes apeurées, qui par voie de conséquence semait des graines de doute et surtout, un manque flagrant de confiance en soi.
Lorsque des déplacements avaient lieu la nuit, l'angoisse si prenante faisait jaillir une insécurité palpable. Le corps terrorisé se retournait constamment au moindre son étranger. L'obscurité et le manque d'assurance, associé à un isolement intérieur, alimentèrent un état de danger omniprésent s'installant insidieusement en l'esprit.

Puis, contre toute attente, la source d'une grande force émergea de cette insécurité ambiante : « le courage ». Il naquit intérieurement comme un élan éloignant à lui seul, une sensation constante de survie, d'angoisse incontrôlable et d'absence de logique. Le courage sema une graine de détermination dans le jardin intérieur, engendrant la force d'aller aux confins d'une douleur, d'en extraire le nectar de sa logique constructive coûte que coûte. Devenant avec le temps un élément essentiel au cheminement, faisant front devant les méandres de l'intériorité continuellement ballotté par l'ignorance.

C'est ainsi, que le rejet, l'angoisse, le courage et l'incompréhension, dominèrent cet espace de temps sur le chemin. Constatant l'évidence qu'une aide extérieure serait utopique et rendant l'isolement plus pesant.
Seule face à des états négatifs intérieurs inconnus, cherchant à s'ancrer avec acharnement en stimulant le courage d'en comprendre leurs essences. Les instants prenaient des allures de combat permanent pour la survie.

Chacun est une part du tout

Dans les années quatre-vingts, la jeunesse des quartiers populaires n'assimilait pas l'étiquette de délinquants juvéniles que les aînés associaient à leurs actions. Les préjugés allaient bon train, condamnant et stigmatisant par ignorance une jeunesse survivant aux rejets et aux manques affectifs.

Violences coutumières, conflits sans issues, refus de l'autorité, échecs scolaires et abandons parentaux, étaient tout autant de jugements, mettant à mal discussions et échanges constructifs avec les aînés. Ressentant une peur viscérale de la différence, ils ne se préoccupaient jamais de reconnaître les motivations et attitudes dictées par leurs faux semblants. L'incompréhension et le rejet, devaient être sans doute accommodants pour des esprits enclins aux blâmes et à la critique.

Pourtant, cette jeunesse livrée à elle-même, cultivait intuitivement des réponses humaines à ce manque d'attention de la part des aînés. Se construisant un monde excitant, mélange d'ouvertures d'esprits et d'apprentissages divers au contact de la nature. Solidarité et entraide, devenant le ciment d'un affranchissement de règles prônées par des êtres qui ne se comprenaient pas eux-mêmes.

Un besoin de découvertes viscéral se dégageait de leurs attitudes, donnant du sens à la camaraderie en inculquant des aptitudes intérieures comme le discernement et les raisonnements déductifs. Les jeunes s'instruisaient à partir de l'expérience immédiate, sans guides, sans conseils, tout en créant leurs propres repères.

C'est ainsi, qu'au sein de ce quartier, une quête de liberté authentique engendrait une enfance dont loyauté, éthique, solidarité et compassion devenaient des flambeaux existentiels. Parcourant les méandres de rues inconnues, à la recherche de leur propre identité. Les terrains vagues ou les tunnels abandonnés, attisaient une curiosité exacerbée. Sur des roulettes, à califourchon sur une bicyclette, les enfants vagabonds soudés par l'amitié, attiraient l'attention des badauds en arborant leur stimulante bonne humeur. Parfois, un accident venait troubler la quiétude du parcours, consolidant au passage responsabilisation et autonomie. Quant aux injustices subies par les plus faibles au sein de la société, elles raisonnaient comme un étendard brandi aux yeux de tous. Répondant toujours présent face à l'adversité d'autrui rencontré au détour d'un parcours, développant ainsi une compassion bienveillante.

Les interdictions stimulaient la fascination que ces jeunes éprouvaient en défiant les règles bien établies. Escaladant et déambulant dans les chantiers en constructions, tunnels ou voies ferrées abandonnés, s'installant au creux des épaves tout en élaborant une fable digne des plus grands aventuriers. Ils s'avouraient chaque parcelle de liberté, recueillant au passage des chiens errants en leurs offrant un peu de réconfort, une maigre pitance. Chacun devenait une part de chaque action, mettant à profit sa personnalité en ressentant profondément son appartenance à un ensemble.

La nature prenait, elle aussi, une place particulière dans les habitudes de cette jeunesse et son respect se traduisait de multiples façons dans le dédale des espaces verts. De nombreux arbres fruitiers se faisaient discrets à l'abri de l'ignorance des citadins. Cerisiers, noisetiers, noyers et de nombreuses autres essences, attiraient irrémédiablement les jeunes en quête de savoir. Guettant la saison où les fruits y seraient abondants, apportant un moment d'extase au contact de leurs saveurs.

Par une belle journée d'été, la petite bande de vagabonds entra dans un espace arboré à la recherche de noisetiers qui chaque année, offraient une délectation appréciable. Reconnaissant les essences de différents arbres, le noisetier promettant des fruits en abondance fut vite repéré. Armé d'un sac, chacun prit soins de cueillir les fruits, évitant soigneusement de briser les branches. Dégustant au grè de la cueillette, de nombreuses réactions vocales de contentement s'associaient à cet instant. Puis, un homme arriva avec la ferme intention de mettre fin à ce moment unique, insinuant que la cueillette ne respectait pas l'arbre en question et demandant de la stopper immédiatement sur un ton arrogant.

Les enfants s'arrêtèrent intrigués par cette interruption et tout en le regardant fixement, lui faisant remarquer qu'aucune branche présente sur le sol était la conséquence d'un arbre respecté. Puis, l'esprit ajouta : « Si nous voulons profiter de ses fruits l'année prochaine, nous ne devons pas casser ses branches ! Monsieur. ». L'homme penaud, ne sachant quoi répondre repartit l'esprit rassuré.

L'importance de la préservation pour des enfants d'une dizaine d'années sonnait le goût de la continuité et chacun pouvait y concevoir un bienfait. L'expérimentation de fruits savoureux ne pouvaient guère renaître l'année d'après si l'arbre ne possédait plus de branches. Cette jeunesse raillée et condamnée par les aînés, connaissait l'importance de la nature de manière logique, profitant de ses bienfaits au sein de leur quartier.

C'est au contact de tous ces éléments, que ces jeunes s'auto-éduquaient, évitant soigneusement de sombrer dans la facilité de la haine et de la colère. Se construisant et générant des qualités humaines nécessaire à sa survie avec l'appui de l'empathie. Façonnant une unité familiale, reliée par ces destins à fleur de peau juste pour ne pas se perdre et surtout, une volonté insatiable d'avoir le choix de marcher en étant authentique.

Certaines de ces graines plantées à cette époque dans le jardin intérieur, grandiront fièrement et de nombreux fruits aux saveurs multiples, contribueront à forger des bases stables dans le devenir.

Le champ de lucioles

En été, Mère arrivait financièrement à faire profiter ses enfants d'un mois loin du tumulte de la rue. Proposant ainsi, un séjour de découvertes en pleine nature dans une structure de vacances à sa progéniture, tout en s'octroyant un moment de répit calme et reposant.

Cette vie communautaire bien connue des enfants, dont l'enthousiasme peu débordant lors du départ et pleine de regrets au retour, n'allait pas tarder à dévoiler des saveurs encore méconnues.

Le premier séjour s'organisa dans l'ouest de la France, près d'une magnifique forêt entourée de champ verdoyants, dont les fleurs embaumaient tout l'espace de la structure d'habitation. Après les premiers repères de l'installation accomplie, le champs du possible fut à son tour conséquence de curiosités. Nouvel environnement étant synonyme d'une multitude d'aventures palpitantes et de découvertes réjouissantes, l'enthousiasme devint vibrant.

Une centaines d'enfants se partageaient les locaux par tranche d'âge, un retour au source en quelque sorte avec le foyer de l'Assistance Publique quitté un peu plus tôt. Après plusieurs jours, de nombreuses habitudes liées aux jeux collectifs commencèrent à refaire surface. Cette capacité d'analyse encouragée par un enthousiasme à toute épreuve, incita les moins enclins au collectif à prendre une place active dans les jeux. Leurs visages fermés s'illuminèrent le temps d'une partie et les barrières semblaient ne plus exister face à un potentiel négligé. Leurs satisfactions si puissantes, rendaient l'instant d'un jeu en équipe l'opportunité pour eux de briller, de se sentir vivants et aimés. Ils se surpassaient, sachant qu'ils ne gagnaient pas pour eux-mêmes, que leurs efforts contribuaient à l'ensemble en s'amusant.

Sans en avoir réellement conscience, une capacité à unir les êtres dans une même direction s'installa profondément en l'esprit, devenant un prolongement incontournable à l'amour grandissant vers eux.

L'apparence du corps à l'occasion de ce séjour, prit une dimension plus pesante, totalement absente dans les relations amicales du quartier regardant au-delà. L'excès de poids attirait l'attention de certains dont le jugement et les moqueries alimentèrent une étiquette peu enviable reliée uniquement à l'apparence. Souffrance bien connue autrefois, sans avoir le même impact, car de nombreuses personnes en étaient témoins et semblaient y adhérer d'une manière sournoise.

L'attrait pour les sucreries, naquit au premier contact de cette saveur dès la plus tendre enfance. Douceur gustative accompagnée d'un état rassurant après absorption, simulant un bien-être utopique. Le sucre renforça son emprise avec le temps et devint une dépendance. L'apparence se modifia assez vite et prôna l'étiquette de « grosse » face à la perception des formes. Une nouvelle souffrance apparaissait, inculquant l'importance de l'apparence au profit de l'être intérieur.

Le corps était lourd, imposant et avec lui des contraintes qu'autrui ne pouvait soupçonner. Cette dépendance aux sucreries commençait à prendre l'allure d'une armure épaisse, empêchant toute intrusion dans les confins de l'esprit. Là où les souffrances incomprises généraient torpeurs et tristesses peu enviables, personne n'avait l'autorisation d'y pénétrer, de peur qu'il n'en subisse des conséquences.

Le sport apporta l'équilibre et la capacité d'amoindrir les jugements reliés à l'apparence, permettant aussi par la même occasion de maîtriser un excès d'énergie latent intérieurement. Canalisant ainsi l'ignorance des uns, face à un état loin d'avoir la capacité de dévoiler ses carences affectives et ses pensées sombres de l'époque. Une fois évacué, un juste milieu apaisant apparaissait, accordant un répit et une joie non dissimulée pour continuer à cheminer.

Les promenades en milieu forestier durant ce séjour, permirent de reconnaître l'onde exaltante du soleil, laissant apparaître les nervures des feuilles chatoyantes. Les arbres majestueux s'élançaient vers le ciel, ouvrant béante la splendeur de leurs essences en laissant s'échapper un parfum stimulant. Les yeux rivés vers le ciel, oubliant un instant l'obligation de la réalité, flânant au grè des pas en affichant un sourire béat. Puis tout à coup, une pensée surgit : « les feuilles de ces arbres sur le sol sont mortes ! je ne peux pas les piétiner ! ». A cet instant, le corps se mit à faire de petits bonds, essayant face à tant de beautés de ne point souiller par manque de respect. Humilité infantile devant tant de pureté, la nature vibrait, prônant l'unité entre vécu et ressenti.

Au crépuscule quelques jours plus tard, dans un champ non loin du dortoir, les animateurs organisèrent un jeu collectif. Un spectacle fantastique inattendu submergea la vingtaine d'enfants présents, manquant d'enthousiasme après un dîner copieux.

En entrant dans le champ, de petites lueurs vertes scintillantes apparurent en clignotant, « qu'est-ce que c'est ? » s'écria un des enfants. « Des lucioles » répondit un animateur. Des lucioles ! De petits insectes dont le postérieur s'allumait par intermittences de couleur verte, virevoltant dans un ballet indescriptible, quelle merveille ! Tous restèrent sans voix, la bouche ouverte et les yeux écarquillés, la nature offrait un aspect de sa beauté dont peu d'enfants en soupçonnaient l'existence.

Quelle sensation étonnante que de vibrer au rythme de la nature, d'observer la vie tout autour de soi, se laisser bercer par les mélodies d'une rivière où happer par des parfums envoûtants. Les merveilles qu'offrit la nature, furent inestimables et l'intimité de son appartenance grandira au fil du temps, offrant en tout temps un lieu de refuge et de contemplation privilégié.

***

Conséquences des instants passés

Un déclencheur visuel et émotif négatif fit ressurgir des peurs incomprises, engendrant une succession de conséquences insoupçonnées sur le sommeil. Images et sons terrifiants commencèrent à créer une lutte inconsciente durant l'état du rêve, entre les ressentis incompris du passé et l'empathie s'installant au contact d'autrui au présent. Se traduisant par de la torpeur et de la crainte durant l'état de veille sous des formes plus ou moins diffuses. Sensation d'oppression physique, agitée par un conflit entre deux forces opposées, ne laissant aucun répit à l'esprit.

L'insécurité et la peur prédominant l'endormissement, créa une puissante obligation de ressentir la présence d'un être aimant. Suggérant ainsi, le signe évident d'un mal-être relié à l'affectivité, inhibé et sous estimé par le passé.

Causalité de la perturbation mentale

Elles naissent dans un esprit empreint d'une profonde confusion reliée à toutes sortes de négligences intérieures et par voie de conséquence à l'extérieur. Les repères déclinent progressivement et la joie, le discernement, ainsi que la stabilité émotionnelle perdent de leur clarté. Les pensées et perturbations tournent en rond en l'esprit sans trouver d'issues constructives, l'apaisement est instable.

En y ajoutant les situations et actions négatives passées, les causalités peuvent s'exprimer aisément dans l'inconscience du sommeil et ensuite, assiéger l'état de veille.

Si la prise de conscience de cet état confus n'est pas rapidement maîtrisée à sa source, le mental enverra avec le temps des signaux négatifs au corps, qui y répondra par un mal physique ou mental.

Chapitre III

La mort conséquence de la vie

Le 24 décembre 2018 à proximité de l'arbre sacré, sur une estrade parsemé de fleurs multicolores et de trois immenses thangkas[24], Sainteté le XIV Dalaï Lama arriva paré de son large sourire. Précédé par les traditionnels bâtons d'encens agités pour embaumer l'espace, suivi par deux moines émettant des sons stridents en soufflant dans des Gya ling[25], il joignit ses mains et s'inclina devant la foule. Puis, il s'installa sur un trône orné de pétales, et invita le chant du « soutra du cœur » à être émis par quelques pratiquants privilégiés.

Sa Sainteté commença ensuite, son enseignement sur « les 37 pratiques des Bodhisattvas »[26] scrutant du regard cette assemblée hétéroclite et toute ouïe, de grands érudits, de moines, de disciples et de personnes laïques venues des quatre coins du monde.

« Les 37 pratiques des Bodhisattvas » est un texte précieux, à l'intention des individus ayant pris la ferme décision de devenir des héros pour l'éveil (Bodhisattva) en libérant tous les êtres de la souffrance. Transformant leurs esprits progressivement, en mettant en pratique les enseignements du Bouddha Shakyamuni, ils font le choix de ne pas être libérés avant que tous les êtres, qu'ils considèrent comme leurs propre famille, ne le soient avant eux.

Trente sept petits quatrains composent ce texte, créant un cheminement subtil sur la voie de la libération de toute forme de souffrance. Il dévoile une profondeur insoupçonnée, pouvant être étudiée de différentes manières suivant les capacités du pratiquant. Mélangeant courage et sagesse dans l'observation

---

[24] **Thangkas** : Peinture sur tissus représentant des divinités et utilisé comme support de méditation par les pratiquants.

[25] **Gya gling** : Hautbois tibétain

[26] **Bodhisattva** : Héros pour l'éveil. Etre ayant pris la ferme décision de libérer tous les êtres de la souffrance avant de pouvoir trouver la paix eux-mêmes.

consciencieuse de son propre continuum mental, le disciple chemine sur une voie de transformation.

L'intellect n'ayant qu'une part restreinte dans la compréhension de ce texte fondamental, il est judicieux d'en extraire son essence primordiale, en faisant abstraction de la saisie du sujet qui en lit les lignes. Une gymnastique mentale appropriée est donc nécessaire pour entreprendre une lecture libre de concepts et de jugements.

C'est avec une profondeur aussi vaste que l'espace, que Sa Sainteté le Dalaï-lama commença la lecture et l'approfondissement de ce texte de Thokmé Zangpo[27] devant un auditorium tout ouïe.

De nombreuses similitudes avec ce texte, trouvèrent écho aux creux des constatations logiques, produites par l'observation des souffrances du passé. Sensation étrange de connaissances sans l'action de l'intellect où le regard intérieur prenait tout son sens, alors que la société renvoyait l'image d'une totale absurdité ignorante.

En 1984, âgée de quatorze ans, la solitude intérieure ornée de l'absence d'oreilles attentives, permit à la torpeur de s'installer quotidiennement en l'esprit.

Un nouvel état obscur et froid vint prendre place, tout comme un souffle novateur prétendant procurer une liberté apaisante et définitive. Cet état parlait d'émancipation et de paix, en développant la noirceur douloureuse liée à l'ignorance, prônant une peur de vivre. « Quelle aubaine ! » argumentait secrètement cet état dénué de beauté. Puis une pensée émergea : « La mort serait- elle plus douce que la vie ? ».

La solitude si puissante et l'incompréhension si troublante par son amplitude, qu'en un instant la mort fut envisageable, constatant que rien ne retenait à la vie.

---

[27] **Tokme Zangpo** (1295-1369) grand érudits tibétain né dans la province du Tsang au Tibet.

L'adolescence chez certains, est le théâtre de nombreux conflits intérieurs, rendant précaire la stabilité des repères. Le moindre coup de vent du destin fait chavirer les concepts, montrant du doigt des failles et invitant les incapacités de l'esprit à y faire face. Les besoins affectifs se font grandissants et les attentes des questionnements, demandent à être assouvies promptement par la logique et le raisonnement. C'est une étape charnière dans l'existence, car cette quête de bases solides permettra d'orienter les futures perceptions du visible en relation avec ce qui ne l'est pas.

L'absence de réponses chez certains adolescents, engendre un obstacle insurmontable dissimulant une réalité totalement biaisée, sans substance à la construction d'une vision sur le futur. Le goût nauséabond de la survivance commence à progressivement prendre le dessus, tout devient fade et sans saveur. La succession d'instants incompris, provoque la germination d'un état intérieur de frustration et d'abandon.

C'est ainsi, que naquit au cours de l'année 1984, cette sensation d'être blasé par cette soumission à la douleur, sans réelle expérimentation d'une saveur pleine de joie et du goût calme et apaisant du sans peur. Blasé par la présence continuelle de la compagne « solitude », souriant timidement face aux questionnements existentiels. « La vie n'est elle que souffrance ? Est-ce que le bonheur existe ?» s'interrogeait l'esprit. Une limite venait d'être atteinte, celle de la capacité, à quatorze ans, d'endurer la douleur sans autre choix. Et sans réponse à celle-ci, la mort devenait plausible aux yeux de l'esprit.

C'est alors, jaillissant des profondeurs du lâcher prise sur l'existence et de ses méandres, qu'un élan de vie naquit, permettant à une nouvelle réalité d'émerger de la douleur en parlant d'ouverture et de paix.

Les méandres de la solitude intérieure

En ce temps là, l'isolement intérieur s'installa irrémédiablement, malgré les rapports enjoués et fréquents de l'amitié. L'esprit commença à cerner le fossé qui se formait entre les attentes de vie en société et ses besoins fondamentaux de connaissance de soi. Séparation insidieuse entre une réalité demandant soumission et intérêt à la matérialité, et un esprit en quête constante d'une liberté de pensée exempte de tout concept.

La confusion s'installa sournoisement et les réflexions empreintes de logique, perdirent de leurs saveurs face à des concepts erronés et ignorants. Ce qui encouragea la perte de courage et l'installation de l'instabilité au cœur de l'ensemble des instants.

Quant aux moments solitaires, confrontés aux vociférations de l'esprit, ils invitèrent les larmes à désarmer totalement le peu de lucidité restante. Le tout associé à l'absence de confident, elles accentuaient la perdition de tous repères.

Les conséquences des mauvais rêves passés, se révéleront plus denses et leurs emprises plus profondes que celles escomptées. Et bien que leurs noirceurs furent diffuses, elles envahissaient progressivement le présent. Les « Pourquoi ?» s'accumulèrent en l'esprit, sans laisser entrevoir une issue libératrice à long terme. C'est au contact de cette confusion, que désarroi et incompréhension engendrèrent des pratiques d'auto-destruction physique, émergeant discrètement à l'abri des regards.

La scarification et la colère, entrèrent sur le chemin du quotidien où la découverte de se faire du mal, en croyant ainsi éviter de transmettre ses douleurs à l'extérieur. Car malgré des espoirs en berne, une volonté insaisissable n'arrivait guère à décliner, celle de tendre l'oreille à la douleur d'autrui, et surtout, de ne jamais faire subir ses propres souffrances à qui que se soit.

La douleur physique comme échappatoire, palliant l'impossibilité de verbaliser le mal-être intérieur. Se traduisant par des accès de colère peu convaincants, laissant jaillir une énergie trop à l'étroit en l'esprit. Frappant un mur, une armoire avec le poing ou utilisant la lame d'un cutter, qui en entrant dans la chair semblait libérer une énergie bienfaisante, parfois apaisante.

Étrange sensation de noirceur, que de ressentir le soulagement d'une détresse mentale par une blessure physique.

Découvertes et expérimentations obscures, cherchant à s'installer laborieusement en l'esprit, grâce à une lucidité lumineuse montrant irrémédiablement l'action telle qu'elle était. Une sorte de rappel à l'ordre intérieur, déchiffrant la stupidité d'une pensée ou d'une action, en réduisant sa crédibilité au moyen de la logique. L'esprit rétorquait alors « Aïe, tu fais mal ! », regardant la lame, comme pour lui signifier sa causalité. Puis, le corps lâchant spontanément l'outil, se regardant lui-même tout en illustrant l'action : « Comment peux-tu croire en la possibilité de laver une souffrance par une autre ! C'est stupide ! ».

Les dérives de l'esprit et du corps, marquèrent une période de réflexion sur soi, en installant une faculté d'auto-discernement sur les instants. Comme le ferait un regard extérieur, incitant l'observation de l'action en se détachant totalement des perceptions du moment. Constatant avec stupéfaction les situations névrotiques et stupides, une réflexion naquit : « la colère envers soi-même ne peut rien résoudre, elle alimente simplement le mal-être ».

Regardant avec effroi les conséquences de la confusion et de ce besoin irrépressible de ressentir un effet négatif physiquement, engendrait l'appréciation de l'existence bien peu enviable. Laissant quelques stigmates sur le corps et la conviction de l'inutilité de ces pratiques pour cerner les douleurs intérieures du futur.

L'expérience de se faire du mal pour ne pas en procurer aux autres, fut le prélude d'une introspection insoupçonnée, bien plus profonde.

Les absences et leurs conséquences

Se construire à l'adolescence met en évidence des questionnements longtemps ignorés ou camouflés soigneusement par les habitudes. Ils ébranlent les convictions, rendant précaire la stabilité des émotions tout en incitant à l'introspection. Ces absences intérieures se font remarquer, part le rôle essentiel qu'elles apportent à la structuration d'une base lucide.

C'est ainsi que l'absence de paternité et de ses valeurs au sein des instants, dévoila le précipice béant façonné par le temps intérieurement. Et l'élan qui en insuffla une compréhension, fut la position d'aînée au sein de la fratrie. En effet, ce rôle encourage à montrer l'exemple au plus jeune, à transmettre des connaissances. Ajoutez à cela, d'être présent à des moments clés, de soulager leurs douleurs en répondant à leurs questionnements par l'expérience.

La seule référence paternelle existante en l'esprit, fut celle de cet homme utilisant sa position dans le seul but de faire subir une manipulation honteuse et violente. Et l'unique conséquence d'une telle expérience, fut le rejet que cet image soit celle de la paternité. Ayant cette conséquence intérieure, et surtout le souvenir des paroles de Mère au moment du départ vers l'ailleurs : « Cet homme n'est pas ton père », que l'esprit voulu élucider l'essence de ce vécu.

Nombre de questions se mirent à tournoyer tel un ouragan, balayant tous les concepts existants, et Mère devint la seule à pouvoir éclaircir le brouillard. Après l'avoir sollicitée à maintes reprises et malgré sa réticence à vouloir se plonger dans se passé, elle expliqua que le vrai père de ses deux premiers enfants travaillait avec elle à l'usine.

Ils étaient jeunes et son charme irrésistible accompagné de ses grands yeux noisettes, l'ont séduite rapidement. Mère avait à peine 18 ans et lui 20, cette jeunesse les rendirent insouciants et ils perdirent totalement le sens des réalités. Elle tomba enceinte de son premier enfant et lui, effrayé par cette nouvelle, ébranla toute sa vie. Il essaya dans un premier temps d'accepter cet enfant, accompagnant Mère du mieux possible. Mais à l'instant où il apprit la naissance d'un deuxième enfant, un an et demi plus tard, prit peur et rentra dans sa région d'origine la Kabylie au Nord de l'Algérie, abandonnant Mère avec sa progéniture. Elle intégra un foyer de jeunes mères célibataires à Paris et mit au monde son deuxième enfant.

Elle prétendait ne pas lui en vouloir, comprenant sa peur de ne pas être prêt pour la paternité. En revanche, son cœur, meurtri par l'abandon recherchera désespérément l'amour, la guidant dans les bras de Monsieur Père, le croyant apte à protéger ses enfants. L'abandon de l'expérience paternelle par cet homme, fut difficilement compréhensible, compte tenu de l'innocence octroyée à l'enfance. Ce père inconnu, n'ayant guère manifesté d'attachement, essayant délibérément de nier l'existence de sa progéniture demanda une grande dose de compassion. Et fut difficilement compréhensible par la logique, donnant à cette causalité des effets insoupçonnés. Durant de longues années, la recherche inconsciente de cette paternité auprès des adultes, sera libératrice de douleurs au moment des séparations. Et l'éducateur rencontré en 1980 dans le dernier foyer de l'Assistance Public, témoigna la profondeur incontestable de cette carence inconsciente de paternité. De ce besoin irrépressible de voir cet homme faire partie intégrante du quotidien et retournant sur les lieux de la rencontre afin d'en humer la saveur.

Le retour trois ans plus tard sur les traces de ce passé, s'organisa autour d'une visite en solitaire au foyer. L'excitation et l'allégresse de retrouver les amis laissés sur le chemin, alimentèrent les spéculations et l'enthousiasme de partager sur les changements de chacun. Paré des plus beaux habits, pas très confortable, le corps prit le métro avec entrain un mercredi, sachant que la surprise serait totale pour tous, le sourire s'affichait sans contrainte. Arriver devant le grand portail gris, une sœur du couvent ouvrit une petite alcôve, souriante, se souvenant du visage légèrement différent. Les yeux écarquillés de retrouver cet endroit si familier, observant les moindres détails transformés après le départ.

Survolant les quelques escaliers menant à la salle commune de l'ancien groupe, certains amis étaient présents devant l'écran de télévision. D'abord surpris, ils furent très heureux de revivre un instant les souvenirs passés, juste avant de partir pour leurs activités respectives du mercredi. L'éducateur arriva peut de temps après, montrant son enthousiasme à l'idée d'entendre les tribulations de ce retour en famille. Il disparut très vite, rattrapé par ses obligations au sein de la structure. Restant là, seule, étrangère à tous ces mouvements qui auparavant était si familiers, le cœur lourd.

Laborieusement, la visite du jardin encouragea le pas avec des images de ce passé si présent.

La nostalgie de l'appartenance à ce monde, à cette réalité manquait et personne ne le comprenait. Le temps passa et l'heure du départ arriva, le corps se dirigea nonchalamment vers le portail gris où l'éducateur apparut furtivement esquissant un au revoir, la porte se referma sur ce passé envié.

L'ancienne famille si longtemps adulée, n'était plus, les complicités et les rires s'effaçaient à leur tour définitivement, laissant une traînée de non-dits et d'amertumes remplir l'espace intérieur.

La question sans fondement

C'est ainsi que les affres de l'abandon, le manque d'empathie et d'affectivité, associées à une absence d'écoute compréhensive, donnèrent immanquablement à l'esprit l'occasion de se détourner définitivement de la vie. Le gouffre béant et sombre des absences, vide de la saveur du bonheur, s'imposa au quotidien. Lassée, blasée par tant de souffrances intérieures et de solitudes incomprises, la vision d'un futur devint embrumée et fade. Les causalités étaient fermes, ne montrant aucune issue favorable à une paix constante, quitter cette vie devenait plausible et concret en l'esprit. Mais, contre toute attente, une issue totalement imprévisible se produisit, la fin se mit à parler d'espoir et de luminosité.

C'était un jour du quatorzième printemps, le soleil au zénith permettait aux bourgeons encore frêles de s'épanouir, laissant place à de magnifiques fleurs odorantes. Seule dans le grand appartement, rien, ni personne, ne pouvait distraire ou empêcher l'instant futur d'être créé. Le corps et l'esprit fermement établis en l'instant, s'autorisaient à quitter cette vie sans aucun regret. Les limites de l'acceptable à l'adolescence étaient atteintes, rien ne supposait que le futur soit meilleur avec ce présent. Les connaissances reliées à la joie, à la paix et à l'amour étaient immanquablement absentes sur le tableau d'un devenir. Munie d'une lame affûtée, le corps empli d'une ferme attitude et d'une absence totale de peur, l'esprit murmura : « le moment est venu ». La lame était prête à glisser doucement sur le poignet sans aucun regret, mais, à l'instant où le corps prit une profonde inspiration, sans contrôle de l'intellect, une question fondamentale émergea soudainement : « que suis-je venu faire sur terre ? Je viens d'arriver et j'ai déjà envie de partir, que suis-je venue faire ici ? ».

A ce moment précis, une sensation extraordinaire enveloppa tout l'être, dont la description ne reflètera qu'un aspect très partiel.

Au creux de l'esprit, un voile s'est ouvert, tout comme l'on ouvrirait un rideau à la texture fine et semi transparente, laissant passer la lumière sans que l'on puisse apercevoir les détails à l'extérieur.

Délicatement à la manière des rideaux lors d'un spectacle, dévoilant une vision du lointain, très détaillée, claire et vaste. La seconde d'après, la lucidité du moment présent apparut et montra la souffrance vécue par les innombrables êtres au quotidien. Apparaissant palpables dans la compréhension, si intenses par leur présence et si diverses à la fois. Le regard perça la multitude des douleurs de chaque être, ressentant une empathie indéfinissable pour eux.

« Comment était-ce possible ? » murmura l'esprit. La seconde d'après, une voix émergea et chuchota doucement : « Regarde, regarde autour de toi, et tu comprendras pourquoi tu es là ! ».

En un instant, la vision devint encore plus vive, spacieuse et regardant en face le constat fut amer, « les êtres souffrent ! » tournant la tête à droite, puis à gauche « partout les êtres souffrent, peu importe où le regard se pose ! Je comprend maintenant pourquoi je suis là. »

Accompagner et soulager les êtres de la douleur devint à cet instant un engagement profond associé à une compassion sans limite, imprimé de manière définitive sur le continuum mental. Rien ni personne ne pourrait jamais détourner l'esprit de cet état de conscience ultime.

La lame sur le poignet tomba au sol et l'esprit plus lucide que jamais, comprit qu'ayant toujours tourné son regard vers ses propres souffrances, avait ignoré totalement celles qui l'entouraient, celles d'autrui. La Boddichitta[28] ultime naquit à cet instant, se renforçant de jour en jour.

La flamme dans l'obscurité

Les bases d'une nouvelle approche de l'existence, prirent forme de manière fortuite et inconsciente. Éliminant instantanément les pensées obscures, et balayant à jamais la détermination de ne plus vouloir accepter cette vie.

Parallèlement à cette ouverture, de nouveaux éléments dévoilaient à l'intimité de l'esprit une puissance telle qu'un élan de pureté lumineuse, dissimulée auparavant, apparut au quotidien.

Telle une flamme vivifiante, éclairant joyeusement une part de l'être restait dans l'ombre de la soumission à la douleur. La lucidité qu'elle engendra sur le sens à donner aux instants et surtout, sur le lien fondamental reliant à autrui, installa des changements pertinents au quotidien. Libérant une spontanéité permettant à la clarté des situations d'être rationnelle et de préparer l'esprit aux défis à venir.

---

[28] **Boddichitta :** Est un état d'esprit compassionné, essentiel pour atteindre un état dénué de souffrance appelé l'omniscience. Elle a deux aspects : l'aspect souhaitant le bien d'autrui et celui souhaitant établir tous les êtres sensibles dans un état qui transcende la souffrance.

Sachant pertinemment qu'une paix pouvait être engendrée uniquement en ayant la capacité d'accompagner les êtres à ne plus souffrir, l'évidence d'apprendre à se connaître prit une apparence accessible. La compassion mêlée à une empathie active, offrit le terrain idéal pour y semer en le continuum mental, les graines de la bonté, de l'humilité, de la patience, etc...., donnant à leur tour des fruits délectables.

Au sein du quotidien, des temps de réflexion constructifs apparurent et la solitude si longtemps angoissante, se transforma radicalement au contact de la nature. Stimulante et apaisante, elle produisit une déduction logique beaucoup plus profonde, en réponse aux bousculades de pensées incohérentes et confuses.

C'est ainsi, que les rencontres avec la nature, formèrent un socle indispensable sur lequel s'appuyait l'esprit afin de s'enraciner, décortiquant inlassablement les expériences au creux du recueillement. Les questionnements fondamentaux trouvèrent une cohérence logique, stimulant une sagesse à son contact et éloignant insidieusement la confusion.

L'observation des changements de saisons, l'écoulement ininterrompu d'une rivière ou les volutes de fleurs s'évanouissant au contact d'une brise légère, encourageaient l'esprit à la logique constante. Une dimension nouvelle s'installait donnant du sens aux sensations, créant à leur tour des questionnements sur les causes engendrant ceci ou cela. Constatant que l'immersion en pleine nature provoquait des réflexions utiles au quotidien. L'habitude fut prise de s'éloigner du tumulte de la ville, de sa frénésie incessante de temps à autre afin de mettre en perspective l'essentiel.

À cette époque, âgée d'à peine quatorze ans, ces sensations et constatations se multipliant intérieurement étaient non verbales, incitant recueillement et état méditatif. Pleinement vécues, elles s'insinuaient comme base de vie sans que l'intellect ne puisse l'interpréter ou en fournir une quelconque explication.

L'essence de l'empathie

L'adolescence fut le théâtre d'une souffrance perçue comme insurmontable. Rien ne semblait plus avoir d'attrait, autant extérieurement, qu'intérieurement, et la solitude familiale ajoutait un inconfort difficilement acceptable. Dans ce chaos indescriptible naquit l'élan de la Bodhichitta. Rien ne pouvait retenir à la vie, sauf le pouvoir de l'amour et de la compassion pour autrui, bien plus puissant que la vision étriquée de l'attention uniquement dirigée vers soi.

La nature put ensuite insuffler des bases de travail intérieur, prenant les causes et ses effets pour en définir une logique indiscutable par l'intellect.

La Bodhicitta

Centrée sur ses propres souffrances, la vision est biaisée, voilée, et seul l'ego joue le premier rôle dans le déroulement des expériences. Le regard uniquement tourné vers l'extérieur, espérant des changements de vie peu probables au regard de la prolifération de confusions toutes aussi futiles les unes que les autres.

L'ouverture progressive de l'esprit crée une dimension où l'autre devient le centre d'une attention particulière, sans intellection. Force incroyable sachant consciemment que sans le bien-être d'autrui, la paix libératrice de l'esprit est inimaginable. Le corps, la parole et les pensées, s'orientent instinctivement de manière inconditionnelle vers ce but ultime. Devenant ainsi indispensable à l'image du sang coulant dans les veines d'un corps

---

Deuxième partie

Ce grand maître « le livre »

Le pouvoir des mots

En France, le catholicisme est dominant, avec des symboles à l'entrée de chaque village et la visibilité du lieu de culte au centre de toutes les agglomérations. L'importance de la croyance théiste s'impose dans les familles à la naissance, ne laissant place au libre arbitre qu'à l'adolescence ou l'âge adulte. Toutes les religions sont représentées en France, offrant à la foi, un terrain propice au développement suivant ses convictions.

Dans ce paysage cultuel très libre, l'apparition du bouddhisme date approximativement de cent cinquante ans, et fait figure de nouvelle philosophie au sein de cette société. Les temples et monastères bouddhistes en France ne sont guère des lieux où de jeunes moines pourraient y être éduqués et assimiler la profondeur des enseignements du Bouddha comme en Inde.

Il n'est pas non plus, culturellement parlant, question d'apprendre à « observer son esprit », même si de nos jours, une prise de conscience semble émerger grâce à des maîtres éminents tels que Sa Sainteté le XIVe Dalaï Lama et Son Éminence le XVIIe Karmapa.

Certains livres deviennent par conséquent une ouverture sur la multitude de mondes spirituels, une percée sur différentes approches éloignées de celle enseignée par une culture. Ils apportent la possibilité d'entrevoir un choix, sur la manière de conduire son intériorité au moyen du discernement.
C'est ainsi que le livre offrit une alternative constructive au manque de réponse logique que le catholicisme ne possédait pas, après analyse. L'association du livre et de la vigilance lucide, apporta au chemin une direction authentique et spacieuse.

Ce maître « le livre » créa l'engouement à la connaissance, à la remise en question et surtout, la stimulation de la pensée logique. Les ouvrages à étudier ne furent jamais orchestrés par l'intellect, car seul l'intuitif possédait la capacité de montrer le chemin.
Le corps se positionnait devant le rayonnage de textes spirituels, attendant patiemment que l'esprit vide de toute pensée, choisisse celui dont le contenu alimenterait les connaissances déjà existantes. L'instinct sélectionnait l'ouvrage, créant ainsi une continuité logique à la transformation et à la compréhension de l'esprit.

Les livres apportèrent de ce fait, un savoir considérable, tout en soumettant à l'intellect un panel divers sur les tendances spirituelles au gré des époques. Constamment présent au grè des expériences, le livre était étudié et étudié encore, phrase après phrase, mot après mot, jusqu'à atteindre une clarté intime émergeant de son contenu aussi subtil soit-il.

La lecture apprivoisait l'étude, l'apprentissage vers un mode de fonctionnement différent de l'esprit, tranchant par l'analyse logique les concepts les plus grossiers. Le tout dans l'écrin de la mise en pratique, développant un regard aiguisé sur les instants. Une fois l'expérience décortiquée et analysée avec ses causes et ses effets, l'application d'un raisonnement différent prenait forme, stimulant à son tour une nouvelle attitude. De petits changements discrets apparaissaient en l'esprit accompagnés d'une analyse, dessinant par la logique une autre remise en question toujours plus profonde.

Les mots résonnaient à l'image de notes de musiques s'évanouissant dans l'espace, composant la symphonie des instants en résonance avec le vide intérieur. Le chemin de l'expérimentation vers la transformation s'ouvrit et avec lui le champ du possible.

Chapitre IV

Lecture méditative

A Bodhgaya, les températures en décembre sont très changeantes au cours d'une seule journée. Un air glacial en mâtinée, une brise chaude, voire étouffante en après-midi, et une fraîcheur assommante en début de soirée. Saison étrange où il fallait couvrir le corps abondamment pour ensuite, éliminer une couche de vêtements conséquente et s'empresser de les superposer à nouveau afin de ne pas subir la fraîcheur.

C'est avec ce climat plutôt instable, que Sa Sainteté le XIVe Dalaï Lama, installa les préliminaires de cette précieuse transmission appelée le Jamyang Chöekor (la Roue des enseignements de Manjushri).

Pour les participants étrangers, la traduction fut à cet instant une vrai source de préoccupation, car connaissant les subtilités complexes du langage tibétain, la précision et la fluidité permettrait de ne pas se perdre durant la transmission.

Une traduction négligée engendrerait une mauvaise compréhension, déversant à son tour au sein du continuum mental des énergies biaisées, induisant en erreur la mise en pratique des enseignements du Bouddha.

Grâce à de nombreuses causes et conditions, la traductrice en langue Française fut exceptionnelle, donnant réellement de sa personne afin de transmettre avec exactitude les paroles de Sa Sainteté. Grâce à son dévouement, la transmission s'installa progressivement avec subtilité en l'esprit, favorisant ainsi, un état d'écoute méditative profonde. Les transmissions sont développées graduellement par le maître, de sorte qu'un esprit dispersé et confus, deviennent un réceptacle adéquat et pur. Ensuite, les préliminaires indispensables à l'initiation, se structurent à partir d'un socle qu'est la prise de refuge[29] et diverses récitations dédiées aux divinités. Un terrain stable émerge alors, rendant l'esprit plus malléable pour entrer sereinement dans une dimension plus subtile, en utilisant le support de la visualisation.

Le Mandala[30], palais de la divinité Manjushri peut ensuite, être élaboré par l'esprit concentré en suivant scrupuleusement les instructions du maître.

Accompagné par le son des instruments, effectuant à des moments bien précis des gestes rituels, le disciple évolue à l'intérieur du Mandala en demeurant totalement concentré. La divinité après avoir accepté les offrandes du pratiquant, confère ses bénédictions et le parcours circulaire vers la gauche continue ainsi jusqu'au centre du Mandala.

Bien entendu, l'ensemble de la transmission est très élaboré et symbolique, les divinités et leurs attributs représentent des éléments subtils en corrélation avec le corps, la parole et l'esprit.

---

[29] **Prise de refuge** : c'est se placer sous la protection des trois joyaux, le Bouddha, son enseignement le Dharma et la communauté sublime, la Sangha.
[30] **Mandala** : palais de la divinité tutélaire complexe, de forme circulaire surmontée d'un édifice carré somptueux pourvu de quatre portes aux directions cardinales.

Manjushri ou « Jampeyang » en tibétain, est la personnification de la sagesse de tous les Bouddhas. Il tranche dans le vif les ignorances et les illusions avec son épée flamboyante, permettant à la Prajnaparamita[31] ou sagesse transcendante de s'installer et de s'épanouir librement en l'esprit. Insufflant ainsi une compréhension juste de la réalité telle qu'elle est, et non telle que l'intellect pourrait l'interpréter. Manjushri est, de fait, primordial sur le chemin, car associé à la compassion, l'équilibre est maintenu et la progression vers l'éveil inéluctable.

Par le passé, les perceptions erronées de la réalité engendrèrent une multitude de remises en questions toutes plus ou moins subtiles. Dès le plus jeune âge, il fallait construire des échappatoires intérieures pour ne pas sombrer dans un enfermement tributaire de la souffrance.

En 1985, âgée de quinze ans, une relation particulière avec les arts de l'écriture, du dessin, du modelage et des sonorités s'enclencha, permettant à une expression intérieure de prendre forme à l'extérieur.

Une sorte d'empreinte consolidant réflexions et transformations, au sein d'une réalité difficile à appréhender par un mental enclin à la rigidité. Au fil du temps, des ancrages subtils apparurent avec la créativité, ouvrant la porte sur un univers intérieur encore méconnu. Cette découverte n'avaient guère le goût de l'imagination productive, mais l'éloge de changements intérieurs en cours de structuration.

Le livre et l'art en général, furent les seules sources à cette époque, permettant d'insuffler profondeur et expressivité à une quête atypique de connaissance de ce « soi ». Tant sur le plan de ses capacités insoupçonnées que sur sa relation l'unissant à la réalité du quotidien et cette formidable opportunité d'apprendre à le transformer au contact de l'intérieur.

---

[31] **Prajnaparamita** : Sagesse transcendantale, perception ultime permettant de reconnaître la nature illusoire ou vide de toutes choses.

Ce livre, libre de romance

Pour la jeunesse défavorisée des années 1984 et 1985, le livre n'avait que l'allure de support à la scolarité, utilisé le plus souvent à la recherche d'informations ou d'illustrations. Les rédactions, fiches de lectures et analyses de textes en tous genres, donnaient à la possession d'une carte de bibliothèque l'élégance de son utilité. Les ouvrages dénonçaient les obligations, qui, alliées à l'absence du choix créèrent une répulsion à leur égard.

La pauvreté de certaines familles éliminait totalement la possession de livres, pas même un dictionnaire ne trônait sur les étagères. Devenant un réel obstacle à l'ouverture et à la portée qu'ils suscitaient au niveau des divers courants de pensée. Les bibliothèques commencèrent de ce fait, à avoir le statut de refuge à l'adolescence, encourageant la diversité et la connaissance à entrer dans le quotidien.

C'est dans cette ambiance familiale très épurée en lecture, que surgit l'opportunité pour la toute première fois, d'avoir le choix d'un ouvrage. Une aubaine vécue comme un privilège immense : un livre à soi, choisi librement sans aucune obligation ni contrainte.

C'est à l'occasion de la lecture d'un magazine d'émissions de télévision, que le regard effleura une publicité en dernière page. Il proposait pour une somme modique l'acquisition d'un magnifique ouvrage pourvu d'une épaisseur conséquente et d'une magnifique reliure. La sensation inespérée de toucher du doigt un trésor si longtemps convoité envahit l'esprit et les yeux écarquillés, il fallait faire un choix parmi une trentaine d'ouvrages.

Après un examen minutieux des propositions, le regard se posa sur un titre évocateur : « Exploitez la puissance de votre subconscient »[32]. Une résonance intérieure se fit sentir, sensation d'être proche de cette réalité, d'être enclin à comprendre intuitivement le contenu de cet ouvrage.

---

[32] « **Exploitez la puissance de votre subconscient** » du Dr Joseph Murphy

Mère accepta de l'acheter pour un franc, qui à l'époque faisait figure de symbole. Après réception, une immense joie se dégagea de cet instant, enfin l'accès à un monde intérieur plus vaste que jamais.

Âgée de quinze ans, seuls les ouvrages spirituels jalonneront le chemin, telle des compagnons inséparables, un refuge à l'incompréhension d'autrui. Étudier et décortiquer le fonctionnement de l'esprit sera à jamais la démarche littéraire la plus palpitante, engendrant progressivement une mutation intérieure.

Quant aux autres styles littéraires, perçus comme des pertes de temps, aucun intérêt ne leur sera accordé. Créant distraction et asservissement à l'imaginaire, ils n'auront jamais la capacité de s'octroyer une place dans le quotidien.

En possession du premier ouvrage d'adulte pour adolescente en quête de sens, la saveur du changement prit une forme plus concrète, associant expérience et réflexion.

Coucher sur le papier le regard intérieur

A l'âge de neuf ans en 1979, l'écriture fébrile au travers de la poésie, fut un élan orchestré par la nostalgie intense de l'époque. Écrire le ressenti, jaillit un jour malgré la pauvreté du vocabulaire telle une nécessité incontrôlable.

Naissant d'une mélancolie puissante, elle arborait les couleurs ternes de la tristesse tout en dégageant une luminosité permettant la lucidité de l'impensable.

Durant plusieurs années, la poésie prit la forme d'un compagnon invisible avec qui s'exprimer, n'obligeant aucune suspicion, aucune réponse.

Ensuite, à l'âge où les mots commencèrent à être plus consistants vers quinze ans, ils transformèrent l'écriture pour devenir des supports d'analyses, décrivant sensations et perceptions. Les états intérieurs trouvèrent un terrain propice à l'étude de la confusion, car chaque pensée pouvait y être analysée déterminant ainsi sa création, son développement et ses conséquences sur le quotidien. L'écriture intimiste remplaça la poésie et devint au grè des expérimentations, une source incontestable de fermeté à la réflexion logique et constructive.

A l'aube des confusions sentimentales, avec leurs lots de bouleversements et de larmes, l'écriture rendait acceptable l'insupportable, en y apposant des étiquettes moins tortueuses. Elle s'octroyait le pouvoir de la clarté lucide. La confusion obligeait la naissance des mots dans l'espace vide de l'esprit, ce qui créait une profondeur de l'expérience, un acquis constructif.

L'écriture trouva une place de choix au sein du quotidien, jusqu'à ce que l'esprit acquière un regard mature pour cerner intuitivement l'au-delà des apparences intuitivement, sans le besoin d'un support quelconque.

L'art de dessiner les illusions de l'esprit

À cette époque, l'écriture n'avait guère le monopole pour cerner judicieusement la complexité des diverses capacités intérieures dans cette quête de mutation de l'esprit. Le dessin et le modelage apportèrent des éléments sensitifs non négligeables à cette transformation atypique.

Bien avant l'écriture en 1975, à l'âge de cinq ans, un premier contact avec l'argile permit une expérimentation créative authentique. L'aisance manuelle au travers du tactile s'empara du corps tout entier, laissant jaillir une expression motivée par le lien maternel. A la manière d'un langage extra sensoriel, donnant libre cours aux aléas venant de l'intérieur, les mains voulaient façonner et créer. Et sous les yeux ébahis de l'intellect, la concentration devint si puissante qu'aucune distraction n'eut le pouvoir de détourner le petit corps guidé par l'amour.

C'est au court d'un atelier de poterie en maternelle, que le corps s'installa intrigué devant une masse de couleur grise. Les mains curieuses commencèrent à s'agiter et par un premier toucher timide, l'un des doigts s'enfonça malicieusement dans cette texture, constatant une douceur inconnue. L'envie irrépressible d'explorer une matière peu engageante, laissa apparaître un large sourire de satisfaction.

Comprenant en observant autour l'attitude des camarades, que modeler une forme était accessible, l'esprit chuchota aux mains de façonner un petit pot avec son couvercle. Délicatement, elles s'engagèrent avec une dextérité peu commune dans la confection de cette image mentale. Le lien entre corps et esprit devint fusionnel, la concentration motivée par l'amour pour Mère pût s'établir sans obstacle. Le temps comme suspendu ne laissa aucune place à la distraction, et après une décoration finale formée de petits traits, illustrant une saynète faite de deux personnages, d'une maison et d'un arbre, la détente reprit sa place.

Après un large soupir réalisant toute l'intensité de cet instant, le résultat subjugua l'esprit. En effet, l'objet similaire en tout point à l'image mentale ornée de son décorum si rudimentaire, sonnait l'imposture.
Mère fut surprise par cette dextérité si précoce, elle utilisa ce pot pour ses bijoux jusqu'à ce que l'impermanence eut raison de sa présence.

Le dessin quant à lui, apparut peu de temps après, étant une continuité logique, source de concentration et d'équilibre. L'aisance de la main droite devint une ouverture sur le chemin, s'appropriant les formes tout en se jouant des couleurs.
L'art et son acolyte la créativité s'introduisirent discrètement dans le quotidien, créant une complicité entre corps et esprit, un lien entre visible et invisible. La transformation de l'un, permettant une lucidité et une clarté plus spacieuse de l'autre. Cette danse respectueuse et créatrice, s'accordait à l'image d'un présent changeant.
L'esprit permettait une ouverture que le corps s'empressait de traduire avec divers supports, s'harmonisant ainsi pour permettre à des changements de s'enraciner. Fonctionnant tout deux en

corrélation, ils apportèrent un vent de liberté où évasion et transformation s'unifiaient dans une même direction.

Les sons vibrants du dedans

À l'école primaire, il existait des rencontres artistiques stimulant un espace de liberté où la créativité pouvait s'engouffrer. Dessin, poésie, chant, musique, éveillaient les sens et malgré une approche succincte, la possibilité de déceler un potentiel encore inconnu était offerte aux écoliers. Découverte d'une aptitude latente, laissant jaillir une sensibilité expressive ne demandant qu'à s'exprimer.

Le cours de musique, la relation aux sonorités, retint toute l'attention du corps et de l'esprit, car inaccessible et totalement absent de la sphère familiale. L'enthousiasme se transforma en jubilation quand l'instant de tenir un instrument à vent et d'en produire le premier son entra sur le chemin..
Au fil du temps, une relation intime s'instaura avec les mélodies, éveillant une fois de plus l'harmonisation entre corps et esprit. Les vibrations engendraient au contact de la flûte à bec, chuchotaient apaisement et sérénité, révélant un monde sonore encore méconnu. Sa pratique rudimentaire, encourageant une symbiose individuelle et collective, en fit une source propice à l'enchantement. Mettant en avant les ressentis et perceptions de chacun, les mélodies laissaient transparaître une particularité, qui associée à un ensemble, devenait unique.

La maîtrise se fit si rapidement, qu'une joie indescriptible d'émettre une mélodie encouragea l'apprentissage. Le professeur de musique constatant l'enthousiasme naissant en l'esprit, entreprit d'élargir la palette de sons. Il proposa à certains des enfants la maîtrise d'une flûte aux sonorités aigües et graves, dans le but de créer une chorale en fin d'année, qui fut un réel succès.

Les sons auront le pouvoir de canaliser les émotions engendrées par l'incompréhension et la tristesse, les obligeant à s'extirper de la réalité. Cette nouvelle dimension vibratoire apparue sur le chemin, insufflant à la mélancolie le terrain exutoire donnant aux larmes une raison de se taire.

***

Le langage intérieur à l'adolescence

La capacité de compréhension des aléas instables de l'esprit n'étant pas actualisée, les perceptions se dissimulent derrière l'écran du visible. A la manière d'un élan subtil, une sorte de direction sans vision, totalement intuitive.

Quant aux influx venant du vide intérieur, ils trouvèrent une expression extérieure avec le support de la créativité. Les arts devenant progressivement une manifestation du subtil, s'affranchissant totalement de l'intellect. Ils contribuèrent ainsi à faire régner un état de plénitude méditative au sein des instants créatifs.

En projetant à l'extérieur des états intérieurs, la créativité permit de cerner avec lucidité certaines réflexions logiques encourageant insidieusement la transformation de l'esprit.

L'expression du subtil

Lorsque l'esprit s'apaise, libéré de la puissance de l'intellect un canal se forme entre le subtil et la matière. La créativité peut alors transcender les aptitudes du corps, se déplaçant au gré des différents sens, sans aucune partialité.

A l'image d'une connexion directe sans interférence, la créativité peut être un outil d'expression, un élan compassionné en direction d'autrui. Il se traduira par des images, des sons, des saveurs etc… naissant aux contacts des instants. Cette réceptivité est présente en chacun, et naît quand corps et esprit ne font qu'un.

Chapitre V

Maturité des sentiments

Après le deuxième jour de transmissions de Sa Sainteté le XIVe Dalaï lama à Bodgaya, une information stupéfiante jaillit du haut parleur quelques instants avant le début de la session. Elle disait : « Sa Sainteté est souffrante et ne pourra être présente pour finaliser le Jamyang Choëkor. »

Tous se regardèrent d'un air dépité, Sa Sainteté le Dalaï-lama est souffrante ! Les disciples et participants commencèrent par supposer l'information totalement erronée et personne ne trouva la force de se mouvoir, ne sachant qu'elle réaction adopter devant une telle annonce. Ensuite, après réitération de l'information, tous restèrent bouche bée, réalisant que ce jour n'aurait guère la même saveur que les précédents. Tous se levèrent doucement, un peu hébétés tout en sortant de l'enceinte du Maïdan Kalachakra. « Sa Sainteté est malade ! », à ces mots les participants s'approprièrent par compassion cette douleur et se mirent spontanément à réciter le mantra de Sangye Menla[33] (le Boudha de médecine). L'annonce continua ensuite, stipulant que le programme du lendemain aurait bien lieu en présence de Sa Sainteté, qui bien que souffrante transmettrait l'initiation de longue vie de Heruka Blanc[34]. Depuis plus de dix ans, à aucun moment Sa Sainteté n'a interrompu une transmission ou un enseignement, sa santé devait être délicate pour qu'il en soit ainsi ce jour.

Le lendemain, les emplacements des différents disciples présents auparavant semblaient clairsemés. Était-ce l'annonce faite la veille ? Ou les différentes causes et conditions n'ayant pas été réunies par les disciples ?

En effet, de nombreux éléments sont nécessaires afin de rendre effectif l'écoulement dans le continuum mental et surtout qu'une empreinte stable et indélébile y demeure.

Le disciple doit impérativement être un réceptacle adéquat, tout comme un récipient où l'on verserait un élixir précieux. Si il est souillé, retourné ou encore percé, la transmission ne sera que perte de temps, accroissement de la confusion. Concentration, écoute méditative et non distraction, forment alors une pierre angulaire indispensable afin que le maître qualifié y dépose son influx spirituel.

Une fois les trois portes du corps, de la parole et de l'esprit focalisées, le disciple est apte à recevoir directement sur son continuum mental des empreintes permettant de progresser sur la voie de libération.

C'est ainsi qu'une maturité intérieure s'éveillera progressivement, transformant en lucidité au contact du raisonnement, les voiles obscurcissants de l'ignorance.

Les états intellectuels et les diverses confusions pouvant apparaître de manière inopinée au moment de la transmission,

---

[33] **Sangye Menla** : Bouddha de médecine mantra : « Teyata om békadzé bekadzé maha békadzé radza samund gaté soha »

[34] **Heruka blanc** : protecteur de longue vie

sont canalisées, s'évanouissant telle une brume n'ayant plus la possibilité d'assombrir le présent.

Quand en 1985, âgée de quinze ans, la soumission encore puissante aux aléas de l'intellect, permit à des aspects confus et inconnus de prendre possession des instants. De nouvelles quêtes, bien loin d'avoir la capacité de s'évanouir au contact des premiers rayons de soleil, mirent à rude épreuve les sentiments. Inopinément, ils s'installèrent, rendant précaire la stabilisation des remous déjà existant.

Des émotions trouble fête

Mère rencontra un amant à l'occasion d'une fête populaire en 1984, devenant très rapidement inséparable. Gentil et plutôt avenant, son origine étrangère lui conférait un attrait particulier. Ne parlant que très peu français, il semblait légèrement perdu au sein de cette nouvelle culture. Mère sentit son besoin d'aide et trouva opportun de l'héberger, le temps de stabiliser sa situation et permettre à sa femme et ses deux filles de le rejoindre.

Après son installation au sein de la fratrie, les enfants lui firent passer un nombre d'épreuves, cherchant à faire émerger l'intensité de son attirance et ses intentions vis-à-vis de Mère. Était-ce une relation pure et sincère ? Ou d'ordre pécuniaire ? Les enfants prenaient ce rôle très à cœur, ayant à de nombreuses reprises, constaté les choix sentimentaux dévastateurs de Mère. La protéger d'une éventuelle source de déception, sachant pertinemment que sa tristesse serait subie en retour.

Après quelques mois, l'intégration de ce nouvel amant fut totale accompagnée bien entendu, de nouveautés au quotidien. Filmographies indiennes certaines soirées, menus gastronomiques inconnus et le plus stupéfiant, l'autorisation d'utiliser une main en guise de fourchette. Loin de paraître saugrenu, les enfants s'adaptèrent enthousiasmés par la découverte. Seul la saveur épicée de la nourriture ne pouvait susciter de négociations.

Habitués à la mixité et aux partages depuis de nombreuses années, les enfants s'accommodèrent de ce bouleversement, stimulés par la joie et le bonheur sur le visage de Mère.

Les mois passèrent, permettant un attachement certain entre les membres de cette fratrie atypique, jalonnée de changements constructifs. Puis un jour, un nouvel individu apparut, s'insérant progressivement dans le quotidien avec l'étiquette de meilleur ami de cet amant. Un homme singulier par son allure détendue, jovial et introverti à la fois embaumant l'espace de sa gentillesse, il fascinait. Le mystère qu'il dégageait associé à sa simplicité imperturbable provoqua un intérêt, déclenchant un tourbillon de pensées stimulaient par des hormones en ébullition.

Quelle est ce mal-être physique faisant du bien ? Ces petits gazouillis à l'estomac en présence de cet individu, étranges par leurs effets et si agréables à la fois. L'esprit regarda le corps réagir, intrigué par tant de bouleversements et comprit qu'un sentiment inconnu venait de naître au contact de cet être.
Cela se confirma quand un jour, une situation enjouée permit aux deux corps d'entrer en contact de manière fortuite. Une sensation de bien-être intense, sublimée par un frémissement réciproque se fit sentir, surprenant par son intensité.

L'esprit béat, s'interrogea sur la crédibilité de ce vécu, comment la maturité de l'un et l'adolescence de l'autre pouvaient créer cet instant ? Pourtant dans la discrétion la plus totale, des émotions puissantes naissaient entre deux êtres que tout oppose aux regards des standards de la société.

Est-ce la profondeur indescriptible de cet homme, le goût pour l'aventure ou bien encore l'attraction envers l'interdit ? Aucune réponse cohérente n'apparut. Une attirance irrépressible naquit et avec elle des bouleversements intérieurs puissants, encore flous et déstabilisants, mais certe bien réels.

L'apprentissage d'un attachement puissant commença son œuvre, arborant les étendards des sentiments, du mutisme et de l'interdit, le tout derrière la façade de l'amitié. Etat de dépendance affective, créant une source d'anxiété et d'impatience méconnues par le passé.

La relation du corps au subtil

Chaque jour, l'esprit n'arrivait guère à gérer cette impatience de voir surgir sur le pas de la porte, cet homme énigmatique. Avec ces regards furtifs, laissant entrevoir de la pureté, de ce bien-être qu'il dégageait devenant chaque jour source de dépendance. La lutte pour préserver la sérénité, demanda une grande dose de concentration, essayant de maîtriser au quotidien les tracas du cœur et les tourbillons de la raison.

Un ballet incessant de pensées torturantes emplit l'espace, supposant un attachement grandissant vis-à-vis de cet étrange personnage. Est-ce cela le sentiment amoureux ? dont on vantait si souvent les aspects de béatitude, de papillonnements et de sourires enjoués. Cet état où le besoin de l'autre en devient maladif et obsessionnel, inhibant radicalement la force de la raison et la notion de libre arbitre.

Quatorze années séparaient les deux corps, quant aux esprits, ils semblaient jouir d'une maturité intérieure similaire. Comment expliquer à l'entourage mu par des concepts sociétaires et culturels, une telle proximité ?

L'impossible réalité de ces esprits qui s'attirent, devait demeurer cachée aux yeux du monde, invisible malgré l'intensité d'une irrémédiable attirance.

Puis, deux formes de réalités commencèrent à émerger en l'esprit, celle d'un schéma de vie limité par les études et les divertissements de l'adolescence. Ainsi que celle plus profonde où l'esprit laissait libre cours à sa maturité innée, abandonnant toute limitation liée aux concepts extérieurs.

En y regardant d'un peu plus près, la situation avait de grande similitude avec celle vécue par le passé au contact de l'éducateur à l'Assistance Publique. La maturité intérieure se retrouvant sans cesse, confrontée à celle de la prétendue immaturité extérieure de la jeunesse. L'esprit continuait d'expérimenter deux mondes qui n'en formaient qu'un, inséparables et si différents à la fois.

Les mois passèrent et les instants furtifs avec cet être, se déroulant de manière aléatoire à l'occasion de visite, devinrent des partages fusionnels. Mêlant les sentiments à la proximité, tout en développant des échanges à consonances spirituelles.

Personne ne devait percevoir l'inconcevable, au risque de rompre un équilibre et de créer des discordes au sein de la fratrie. Une situation ambiguë s'installa insidieusement, mettant au jour des comportements contradictoires mêlés d'attractions et de répulsions.

Cet homme agissait de manière à faire accepter son non-attachement devant autrui en utilisant les railleries, les manques flagrants de respect, les attitudes emplies d'égocentrisme et d'arrogance. Se rassurant sans doute, face à l'absence de légitimité de cette attirance. Mais en l'absence d'autre individu, il démontrait une tout autre attitude, empreinte de bonté et de bienveillance, développant une incohérence pesante pour l'équilibre intérieur.

Durant les quatre années qui suivirent, jusqu'à la majorité du corps, cette attitude entre l'être et le paraître se transforma en habitude. Des souffrances récurrentes reliées à la source des expérimentations, à leur bien fondé et leurs conséquences sur l'esprit émergèrent de cette dualité.

La maturité intérieure, devenant le fardeau d'être hors des normes prônées par cette société, créait une marginalité extérieure s'exprimant de différentes manières. Clandestinité de sentiments, allant susciter nombre de désagréments encore méconnus, dont les répercussions auront pour résultat une confusion toujours plus pesante.

Marginalité affective

Les jours passèrent et l'attraction du corps et de l'esprit se transforma insidieusement en dépendance très puissante. Et avec elle, toute les contraintes et obligations dues à son amplitude, en relation avec les carences affectives préexistantes. Les souffrances changeaient d'apparences avec le temps, dévoilant perpétuellement une racine similaire. Les compréhensions n'étant que superficielles, aucun changement significatif ne se manifestait au sein du continuum mental, laissant libre cours à l'ignorance.

Son âge bien avancé, lui conférait un cheminement enclin à la bonté fédératrice de beauté, éclairant profondément son intérieur. Munie d'un langage rudimentaire, l'expression basée sur la pensée traversait le regard, créant des similitudes une fois de plus avec le passé.

Il vivait au gré du temps, à l'image d'un baroudeur de l'existence sans port d'attache. La liberté comme parure, sa face de paix reflétait son intériorité humble et lumineuse. Le mystère et l'absence innée de méchanceté, attirait comme un aimant, laissant s'accroître une dépendance à la fois bienfaisante et oppressante.

Ce nouveau pays d'adoption l'empêchait d'arborer une complète liberté de mouvements et la multitude de contraintes engendraient une peur viscérale ne lui laissant que peu de répit. Cette relation de proximité façonna pour l'un et l'autre un inconfort sensoriel, bien loin de livrer tous les aspects relatifs de ce qui était éprouvé.

Les attentes affectives n'ayant pas le pouvoir d'être comblées pleinement, l'esprit s'embourba dans une injustice sentimentale, prenant pour référence les expériences d'autrui. Et la dissimulation de l'attirance devint avec le temps une clandestinité intime, loin d'apporter un quelconque épanouissement intérieur.

Au sein de ce quotidien adolescent, empli d'absence de maturité, cet homme divulguait une libération, un certain lâcher prise dégageant en toile de fond une forme de sagesse intérieure.

Ce lien peu banal, durera le temps de percevoir un monde au-delà des assujettissements du sentiment et de l'apparence en société.

À cette époque en 1985 et 1986, de nouveaux comportements affectifs hors des normes établies, commencèrent à émerger au sein de la jeunesse. L'homosexualité se révéla au grand jour et l'attirance pour les plus âgés, un gage de transformation mature rapide ou l'enivrante stimulation de l'interdit. Les adolescentes promises à de futurs époux, scandaient une volonté farouche de se défaire d'un dogme religieux, au prix d'y perdre tous liens familiaux.

La jeunesse, prônait l'émancipation de règles hermétiques et limitantes de la société, n'acceptant guère la diversité évoluant au quotidien. Les interdits commençaient à montrer leurs limites et les jeunes s'affranchissaient de règles obtuses, qu'ils considéraient sans fondement. Les lieux d'apprentissages tel que la rue, les écoles, les collèges et les quartiers où l'adolescence en quête de structuration scandait son autonomie, furent le théâtre de ces changements. Il y régnait un goût précurseur d'ouverture toujours plus vaste, l'émancipation d'un enfermement intérieur bravant des concepts devenus obsolètes.

La culture humaine

C'est à l'occasion de différentes circonstances au collège, que l'esprit continua de stimuler et de développer l'élan empathique. L'intuition grandissante servit continuellement de support à l'action, empêchant les étiquetages culturels et les standards de la beauté ou de l'intelligence d'être un fardeau pour certains.

Les stigmatisations allaient bon train, étant l'origine d'attitudes violentes physiquement et mentalement. Nombre d'adolescents perdaient leurs repères et se retrouvaient mis à l'écart dès la rentrée scolaire.

Au sein d'une même classe, des schémas comportementaux apparaissaient en relation avec les travers les plus virulents de cette société. Les jeunes observant et prenant exemple sur leurs aînés, décortiquaient et imitaient leurs attitudes sans le moindre discernement. C'est ainsi qu'il était envisageable d'être confronté à l'humiliation, d'être enrôlée dans un racisme latent ou de côtoyer la soumission dans un même environnement. Les jeunes n'ayant aucune conscience de la portée d'un acte, d'une parole et des conséquences véhiculées par celle-ci. Ils engendraient de nombreux conflits pouvant être perçus par certains comme très violents. L'intériorité n'étant qu'une notion fantasmagorique, la loi du plus fort dominait les instants et chacun déterminait sa place inconsciemment, dés le premier contact avec les camarades de sa classe.

L'impact du milieu scolaire sur les perceptions conceptuelles d'un individu, possédaient la capacité de modifier radicalement le court de son existence. Les bases parentales, références fondamentales, empêchaient l'adolescent de se noyer dans un dédale de conséquences incompréhensibles et surtout imperceptibles.

Au sein du collège en 1985, les plus intelligents furent le plus souvent pris pour cible, leur rareté en faisaient de parfaits boucs émissaires pour les meneurs de chaque classe. Tout comme les plus effacés, cherchant constamment à se faire si discrets de peur d'être humiliés ou rabaissés, qu'ils s'évanouissaient totalement en cours d'année.

Avec l'humour et l'aide d'un physique imposant, s'interposer afin d'aplanir les conflits, devint une forme d'engagement au fil du temps. L'empathie limitait les tribulations de l'intellect, laissant place à une forme d'humanité instinctive et altruiste. Puis ayant constaté assez rapidement par le passé, que violence et colère ne présageaient aucune issue favorable, l'empathie attirait irrémédiablement, réduisant ainsi toutes situations conflictuelles. L'intellect semblait tétanisé face à sa puissance, qui, brassée par la compassion amplifiait son impact intérieur. Quand au corps, il désamorçait les conflits le plus souvent en servant de bouclier, éloignant une possible conséquence physique, tout en appuyant l'instant de réflexions apaisantes.

La non-violence déjà bien stable au creux de l'être, éloignait toute confusion mettant en cause sa légitimité. Et le souvenir de souffrances physiques, de craintes et de soumissions sans fondements, ravivèrent l'introspection nécessaire pour ne pas se laisser happer par l'ignorance.

Car loin d'être anodine, la vie communautaire d'une classe de collège, s'octroyait la capacité d'insérer de lourdes conséquences sur les esprits frêles des jeunes adultes. Permettant à certains de s'y découvrir des aspirations inconnues et à d'autres la responsabilité d'une puissante désolation intérieure.

Armée de l'empathie, de l'enthousiasme et d'une certaine dose d'insouciance, l'esprit utilisa le sport collectif comme tremplin à l'expressivité en berne chez les plus effacés. Donnant des instants de prestige en communauté, à ceux dont le regard sur eux-mêmes n'était qu'une succession de railleries aux contact d'autrui.

Les sports collectifs comme le basketball, le handball, le football etc….ont un réel pouvoir fédérateur, offrant l'occasion d'interagir en étant de manière directe la part d'un tout. La mise en avant du jeu, bien plus qu'une victoire éphémère, pouvait prendre forme en commençant par le choix stratégique de l'équipe.

Des éléments permettant la construction des échanges de balles et le reste des coéquipiers, tous ceux ayant le véritable challenge de se dépasser sur le terrain. Ensuite, créant par le jeu des conditions motivantes et l'élan de se transcender, les plus discrets brillaient juste un instant, stimulés par des capacités ignorées. Les encourageant sans relâche à jouer en se dépassant, ils avaient à cœur de participer à un élan collectif. Le sourire d'être important, illuminait leurs visages quand ils gagnaient et pendant un instant, ils se sentaient vivants. La magie de l'humanité rayonnait sur un terrain de basket, chacun trouvant sa place avec sa propre individualité.

En famille, l'ouverture culturelle permit elle aussi d'élargir la perception de l'identité humaine en l'esprit. Observant et participant aux divers rites et coutumes de chacun, tout en concluant que, si souffrance il y a, elle avait une même saveur pour tous.

En 1985, en France, de nombreuses populations étrangères vivaient dans une totale clandestinité intérieure et extérieure. N'ayant aucun document légal leur permettant de s'insérer dans la société, ils vivaient à l'allure de vagabonds vivant reclus, fuyant toute situation les confrontant à une quelconque autorité.

Laissant derrière eux un pays, une famille, une guerre ou une famine, espérant une vie pleine de promesses sur un autre continent. Il s'avérait bien difficile de cerner les embûches et contraintes endurées par ces être, sans vivre au quotidien leurs situations ambiguës.

A Paris, de nombreuses personnes vivaient avec une épée de Damoclès au-dessus de la tête, quotidiennement accompagnées d'une peur de voir s'éteindre leurs espoirs de vie meilleure. Fuyant un manque de liberté sur une terre de naissance, en espérant s'épanouir et venir en aide aux liens du sang en s'exilant loin de tout repère.

Ils se cachaient du monde, à l'image de parias vivant une succession d'obstacles en s'efforçant de paraître fort et libre. Vivant à plusieurs dans des conditions déplorables, à même le sol dans une pièce exiguë, partageant leurs repas sur des nappes faites de journaux. Prospectant chaque jour de petits moyens de subsistances, remplissant à peine des estomacs rétrécis par la faim.

La vie communautaire les maintenait loin de la tourmente, car ensemble, ils développaient une formidable cohésion faite de solidarité en tous genres. S'encourageant mutuellement à ne jamais baisser les bras devant l'adversité, s'entraidant à sauvegarder leurs espoirs. Le racisme diffus de cette époque, le manque de nourriture et les conditions spartiates ne les décourageaient pas. Ces migrants développaient une force intérieure remarquable, dont les capacités humaines émergeaient naturellement aux contacts de cette nouvelle patrie.

Mère accueillit plusieurs d'entre eux au fil des ans, son cœur si vaste pouvait y contenir des êtres en quête de liberté. Pour les enfants, l'immersion au sein de la diversité et de l'ouverture à l'autre accentua l'épanouissement de l'empathie. Un privilège inestimable de s'épanouir, intégrant la culture humaine comme base d'apprentissage à la maturité. Expérimentant ainsi une dimension bien plus vaste, éliminant les différences au profit d'une seule et même famille humaine.

***

De l'empathie à l'humanité

De nouvelles sensations apparurent au contact des sentiments, incitant le langage de l'esprit à prendre une part plus importante au quotidien.

L'empathie s'amplifia, créant une attraction subtile face aux différentes situations douloureuses vécues par autrui. Mettant au premier plan de manière progressive, une capacité d'observation à travers le regard de l'autre, tout en prenant en compte ses approches intérieures et extérieures.

Les rapprochements culturels avec les rites et les coutumes, développèrent l'appartenance profonde à une famille humaine, plutôt qu'à celle d'un pays unique. Insufflant l'ouverture de l'esprit aux diverses similitudes reliant les êtres face à la souffrance.

L'empathie universelle

Elle naît de l'interconnexion entre les individus de manière fondamentale. Aucune différence entre autrui et soi, les souffrances mènent à un résultat similaire, à des conséquences similaires sur l'esprit et le corps.

L'empathie compassionnée se développe envers tous les êtres sans aucune distinction, en ayant une réflexion logique et analytique sur l'essence d'une motivation commune. Constatant ainsi par le raisonnement, le besoin d'accéder à l'apaisement et l'extinction de toute forme de douleur, les jugements s'apaisent et une ouverture vaste de l'esprit s'installe comme fondement.

Chapitre VI

La sagesse des instants

Malgré une journée de repos, Sa Sainteté le XIVe Dalaï Lama apparut épuisé et de sa profonde compassion, trouva la force nécessaire afin de conclure la session d'enseignements avec l'initiation de longue vie de « Héruka blanc ».[35]

Son séjour à Bodhgaya prit fin sur cette note de bonne augure, ajoutant que cette transmission du « Jamyang Choëkor » se conclurait l'année prochaine en 2020. Il repartit ensuite, vers sa demeure de Dharamsala en Inde de l'ouest, le 2 janvier 2019 pour un repos indispensable, recommandé par son médecin.

La transmission de Sa Sainteté n'étant pas tout à fait complète, l'esprit arborait un vide, une absence indescriptible, accompagné d'une visualisation demeurant à l'insu de l'intellect, en relation avec le Mandala du corps de Manjushri. Elle prodigua une sérénité intense, préservant de la distraction, stabilisant les fondements de l'éthique, de la persévérance, en attendant la conclusion l'année d'après.

Après le départ de Sa Sainteté, la ville de Bodgaya perdit une partie de ses convives venus exclusivement à cette occasion. Mais loin d'être désertée, de nombreuses autres traditions bouddhistes débutèrent leurs Meunlams[36] pour le bien des êtres. Les inscriptions battaient leur plein, car en cette période les mérites accumulés sont incommensurables sur la voie.

De retour en France, des changements intérieurs commencèrent librement à s'amorcer. Le regard sur l'intériorité toujours plus lucide, réduisit considérablement la prolifération de pensées futiles. Et l'union du corps de la parole et de l'esprit, encouragea le silence. Une compréhension subtile émergeait des enseignements et un état floconneux, créant une distance au creux du présent, prit place. Les apparitions extérieures bien moins attractives par les sens reliés au corps, devenaient semblables à des mirages, passant et repassant sans que l'esprit ne s'y attache.
Le monde des apparences devint chimères, les yeux voyaient, sans voir, les oreilles entendaient sans entendre, de sorte que les perceptions du corps semblaient absentes de la réalité tout en étant

---

[35] **Héruka blanc** : Déité masculine courroucée de longue vie.
[36] **Meunlams** : Grands souhaits pour le bien de tous les êtres.

bien présentes. Une sensation hors du temps, libre du jugement et des apparences, laissant la non-distraction devenir habitude.

Les balbutiements de l'ouverture sur la manière dont les apparences se manifestent, émergea par la passé en découvrant une culture, un peuple et surtout une philosophie dirigée vers l'observation de son propre esprit, le Tibet.

Le pays des neiges

Au collège en 1984, de nombreux amis percevaient l'empathie envers les êtres, le goût de la découverte et cette joie insondable animant l'esprit à leurs contacts. C'est en associant toutes ces observations, qu'un ami de classe proposa l'étude d'ouvrages spirituels, ayant comme sujet principal, le Tibet. Dont la culture profondément bouddhiste, sa richesse humaine et son enclave inaccessible de montagnes les plus hautes du monde, susciteraient un intérêt exaltant.

Il offrit donc deux ouvrages, acceptés avec curiosité car il associa ce don à une intuition : « Tiens, je suis sûr qu'ils te plairont. ». Ce fut à cette époque, le premier contact avec le bouddhisme tibétain, le peuple qui le pratique et le pays où il prospéra à travers les âges de manière authentique.

Au fil des pages, une sensation étrange de proximité s'enracina en l'esprit. L'intime conviction de connaître ce pays, son peuple, ses rites et ses coutumes, de faire partie intégrante de cette culture. Tout comme l'on retrouverait les bribes d'une histoire passée, enfouie aux confins d'une part de soi-même. Plus la lecture s'approfondissait, plus cette proximité prenait la forme d'une conviction d'appartenance à ce peuple. Étrange sensation d'être dans un corps en occident avec la réalité d'avoir vécu ailleurs. Comme un vague souvenir s'éclaircissant doucement, laissant place à une identité profonde dont les stigmates se révéleront sous formes d'attitudes intérieures et extérieures.

C'est à l'emplacement d'une mer, du nom de Téthis, il y a de cela plusieurs siècles, que la collision entre deux plaques tectoniques, fit naître les hauts plateaux de l'Himalaya. Des montagnes enneigées aux sommets vertigineux, remplacèrent une faune et une flore marine d'une grande diversité. Sur ce sol salin recouvert en partie de lave volcanique, très austère pour les végétaux mis à part l'orge, un peuple nomade s'y installa.

Leurs génétique propice à la raréfaction de l'oxygène, s'acclimatant progressivement au froid extrême et cultivant une terre hostile à la plupart des plantations, le peuple du pays des neiges, le Tibet se développa sous une royauté.

Apprivoisant le yak[37], le seul animal capable de vivre sur des pentes à plus de 4000 mètres d'altitude, ils se déplaçaient sur de longues distances, échangeant laine et sel, contre des céréales et des épices venant de pays limitrophes.

Le yak contribua grandement à la survie et au développement de ce peuple, dont le cuir et la fourrure permettaient de confectionner abris et vêtements. Les excréments de celui-ci, utilisés en guise de combustible (à défaut de bois), et sa femelle la Dri procurant du lait, rendant accessible fromage et beurre essentiel à la confection de thé pour altitude. Cet animal devint de manière légitime l'emblème de cette région reculée.

Éloignée de tout modernisme de masse dans cette enclave inaccessible, l'authenticité d'une pratique spirituelle ancestrale pouvait y prospérer en paix. Et c'est ainsi, que sous le règne du roi Trisong Detsen, l'implantation du bouddhisme venu de l'Inde fut définitivement une religion d'état. Invitant dans un premier temps à résider sur son sol, un éminent abbé (Shantarakshita) venu de Nâlandâ[38]et par la suite un puissant maître du nom de Padmasambava[39].

Les Tibétains deviennent à partir de cette introduction, un peuple bercé par une spiritualité ambiante, dominant tous les aspects de

---

[37] **Le Yak** : espèce de ruminants ressemblants au buffle vivants exclusivement en hautes altitudes.

[38] **Nâlandâ** : ville du sud de l'Inde où fut construite la plus grande université monastique bouddhiste après la mort du Bouddha Shakyamuni.

[39] **Padmasambava** : né par émanation dans le cœur d'un lotus au milieu d'un lac à Oddiyanna l'actuel Pakistan, il est considéré comme le second Bouddha.

leur vie. Les rites et les coutumes se reliant de manière subtile à leurs croyances, dévoilent la particularité d'associer le corps, la parole et l'esprit dans une symbiose presque irréelle.

Rejetant fermement l'utilisation de la violence et des conflits de toutes sortes, ce peuple ne possédait aucun pouvoir militaire et peu de relations internationales.

Ayant par la suite une succession de guides spirituels comme les Dalaï lamas donnant des directives à l'Etat, le bouddhisme s'implanta de manière profonde dans le cœur de sa population. Des temples et des lamaseries[40] seront édifiés, incitant une éducation religieuse à de jeunes enfants. Quant au laïcs, ils adoptèrent des préceptes éthiques au quotidien, permettant à l'aide d'offrandes et de donations aux monastères de prospérer dans tout le Tibet.

Ce peuple unique prônant des valeurs humaines et de paix, reste une vraie richesse pour l'humanité tout entière. Malgré l'invasion chinoise de 1959, il a su rester digne en puisant sa force dans sa pratique spirituelle et sa profonde diligence envers la figure emblématique de Sa Sainteté le XIVe Dalaï Lama.

C'est au travers de la découverte de cette population, que le bouddhisme devint au fil des pages un phare dans l'obscurité, éclairant les parties les plus sombres en quête d'une liberté insondable. Provoquant le fondement d'une certitude constructive, en relation avec un chemin à parcourir et un but à assouvir.

Un nouvel élan naquit, accompagnant le quotidien d'une luminosité et d'un fil conducteur, développant une sagesse basée sur l'expérimentation aux contacts des méandres tortueux de causes et d'effets, provoquant souffrances et bienfaits. Ainsi, qu'une approche plus consciente et plus vaste, des diverses pratiques spirituelles à travers le monde.

Le songe

---

[40] **Lamaserie** : monastère de moines bouddhiste au Tibet.

Les conséquences de ces ouvrages, ne tardèrent pas à mettre en avant l'obligation d'apprivoiser son propre esprit de manière plus lucide, en instiguant des bases stables et concrètes. Provoquant à son tour l'obligation de comprendre les fondements que le lien paternel occupait dans cette existence. L'absence protectrice et ce rejet incompréhensible déstabilisaient encore les perceptions, rendant toujours instable toute forme de base intérieure. La logique si salvatrice, quand il s'agissait de causes et de conditions engendrées par des actes ou des pensées n'avait aucune prise, l'esprit se perdait encore. L'espace supposée de ce père n'ayant témoigné aucune sensibilité, révélant constamment un vide incompris, il fallait le combler au plus vite afin d'édifier la stabilité intérieure.

Mère détournait toute approche sur ce sujet, prétextant que le passé devait rester ce qu'il est, ne cherchant aucunement à comprendre l'impact que cela engendrait. L'importance de ce père après réflexion logique, fut réduite à une génétique plutôt clémente, d'une Afrique inconnue. De montagnes lointaines sur un autre continent où une famille probable devait exister sans connaissance de cet état de fait. D'une culture ignorée et de la difficulté à trouver sa place avec des racines occultées par la force des causalités.

C'est ainsi que naquit un songe un soir de novembre, conséquence d'une réalité subjective associée à cette attente viscérale de connaître ce père inconnu. Cette part d'existence impossible à cerner, tout en devenant si puissante dans ce dédale d'expérimentations intérieures.

Cette nuit là, après une journée quelconque, une apparition entre sommeil et veille aiguisa la curiosité. Car le lien causal limpide reliant les lectures du moment et la recherche identitaire infructueuse, créa un engouement pour une forme de vérité.

Ce songe semblait faire partie intégrante de la réalité, du présent, et son souvenir demeure, ne ressemblant aucunement à un rêve s'estompant au grè du temps. Le corps dans un état de semi-conscience, floconneux, était alerte, sans avoir la possibilité d'interagir avec ce qu'il voyait, entendait ou percevait.

« Dans un décor d'une blancheur voluptueuse et lumineuse, une femme d'âge mûr au visage souriant, empli d'un mélange d'humilité et d'amour, était assise au premier plan. Derrière elle, debout, un homme à la stature imposante et protectrice muni d'un regard perçant de compassion, dégageait une attitude bienveillante. Leurs amours si puissants, égaux à celui d'une mère et d'un père emplissaient tout l'espace. Tout deux avaient une origine tibétaine pleine d'humilité, quand tout à coup, la femme tendit un journal devant elle, où une photo en noir et blanc apparaissait sur la première page. Son regard souriant et lumineux d'amour, chuchota : « tu es mon enfant, regarde c'est toi ! ». En effet, c'était le visage de ce corps enfant, sans lunette et souriant.

À ces mots et tout en observant attentivement l'image, des voiles s'évanouirent éliminant doutes et interrogations latentes, l'émerveillement prit place. « Oui, c'est bien ce corps à l'âge de neuf ans » s'exclama l'esprit au sein du songe.

La femme répéta à plusieurs reprises ces mots, réitérant sa profonde joie : « tu es mon enfant, oui c'est toi, regarde ! ». L'esprit du présent acquiesça et tandis que son regard perçant envahit le coeur d'amour, un bien-être enveloppant prit possession de cet instant. L'homme quand à lui, légèrement en retrait, arborait un regard protecteur d'une force incroyable, intimant l'obligation de se libérer d'une souffrance au présent. Il leva le bras et une lumière jaillit, englobant le tout. »

Ils s'évanouiront tous deux dans l'espace, laissant derrière eux une sensation d'être aimé inconditionnellement. Les yeux s'ouvrirent, espérant les apercevoir dans la pièce, mais rien, juste des images s'éloignant doucement de l'instant. Elles seront avec le temps l'empreinte indélébile de cette amour, si puissant, qu'il traversa le temps s'installant à jamais au creux du continuum mental.

Emergeant de temps à autre au fil des expériences, faisant un pied de nez à l'arrogance de l'oubli, cet amour inconditionnel maternel et paternel abritent encore aujourd'hui la pureté de la quiétude.

Le discernement de la dépendance

Suite à cette expérience en 1986, âgée de seize ans, le corps et l'esprit continuèrent de se laisser bercer par les découvertes des interdits de la vie en société. Ces limites agaçaient, car le plus souvent les adultes les transgressaient, devant les yeux ébahis de ceux qu'ils condamnaient pour en avoir fait l'expérience. Comment pouvait on être crédible en agissant ainsi !

De ce fait, les règles de l'écoute changèrent et seule l'expérimentation d'un interdit pouvaient apporter les éléments reliés à son acceptation ou son rejet. Garantissant avec l'aide de la logique leur stupidité ou leur nécessité sur le chemin avec une mise à l'épreuve toujours plus sévère.

L'Alcool, le vol, le sexe, les drogues ou les endroits interdits, tous donnaient lieu à des apprentissages plus ou moins concis, sachant que la liberté intérieure et extérieure seraient seules garantes de l'expérimentation. Les transgressions avaient un goût d'indispensable à la construction intérieure, car les adultes n'assumaient pas le rôle de référents au quotidien.

La lucidité adolescente au contact d'une société, cherchant de manière insidieuse à inhiber le libre arbitre, prônant un matérialisme à outrance, ne semblait guère avoir la capacité de répondre à des questionnements spirituels. Formatant de futurs adultes à une vie de dépendance intellectuelle, au détriment du développement de ses propres capacités intérieures innées. Inhibant totalement la quête de connaissance de soi, en occupant constamment l'esprit à développer un intellect engourdi par l'illusion.

Au collège et entre amis vivant dans un même environnement, les discussions allaient bon train sur les moyens d'assouvir cette curiosité débordante de l'interdit par l'expérience. Et tout commença avec la plus accessible des addictions nocives légales en France, l'alcool. Même si le passé avait eu raison de ce travers peu glorieux, l'expérience devint une obligation à l'adolescence, car elle permettait d'ancrer par la pratique son inutilité définitive.

A cette époque, il était possible de se procurer de l'alcool à tout moment avec une facilité déconcertante. Et tous les jeunes observaient ces adultes addictes, ne comprenant guère le pourquoi de ce soi-disant plaisir des sens. Les regardant s'enivrer, répétant inlassablement l'interdiction de s'en abreuver avec eux, attirait les jeunes irrémédiablement.

C'est ainsi, qu'une première expérience se déroula dans l'appartement familial d'un ami d'origine espagnole, où un emplacement entièrement dédié à l'alcool trônait au milieu du salon. Des boissons alcoolisés aux couleurs chatoyantes, passant du vert au violet tous aussi nocifs les uns que les autres, étaient là prêtes à être consommées. En l'absence des parents, la seule obligation fut la quantité de départ de chaque bouteille, à ne pas dépasser de manière flagrante. À tour de rôle, les alcools colorés s'amassaient dans les estomacs inexpérimentés, attendant patiemment les effets euphorisants souvent observés chez les adultes.

Quand le corps se présenta devant un verre rempli de ce mélange peu ragoûtant, encouragé par les premiers expérimentateurs, il avala d'une traite. Puis tout à coup, avant d'arriver dans l'estomac, le mélange fit le chemin inverse et retourna intact dans le verre sans changer de couleur, le corps refusa catégoriquement de s'en abreuver.

La stupéfaction fut à son comble, et tous regardèrent ce liquide identique dans le verre, sans vraiment comprendre cet instant. L'esprit lui, observa attentivement ce que le corps venait d'exprimer, concluant ainsi que ce mélange ne devait pas être bu. Pour une première expérience, l'impact des observations et conséquences liées aux passé avec Monsieur Père, agissait sur le corps en rejetant physiquement cette substance nocive.

Le refus du corps ne permit pas une compréhension profonde de l'impact d'une telle addiction et l'apprentissage devait se poursuivre. Apprendre par l'expérience inciterait l'esprit à en comprendre les tenants et aboutissants, créant une logique irréprochable afin de s'en détourner totalement. Démontrant sans équivoque son absurdité et surtout son inutilité sur le chemin d'une libération de la souffrance.

C'est à l'occasion d'une deuxième expérimentation, qu'une prise de conscience ébranla toute perception laxiste, quand à la réelle nocivité de l'alcool sur un corps.

Au sein du groupe d'ami venant du même quartier, régnaient des règles tacites fédérées par une cohésion qui elle-même, reliait les êtres par un besoin insatiable de découvertes. C'est ainsi, qu'une occasion délétère de boire de la bière à outrance fut créée au sein du groupe. Les interdictions parentales toujours aussi nombreuses, n'empêchèrent aucunement l'expérimentation, sonnant comme une nouvelle aventure commune palpitante.

Après avoir consommé une grande quantité d'alcool, des crises de fous rires frénétiques commencèrent à apparaître, signe incontestable de l'effet sur le corps.

Tout en titubant, essayant vainement de diriger le corps vers la place du marché, l'observation de l'ensemble de cet état se fit intense. Mais à l'instant où l'esprit amorça les déductions relatives à ce vécu, le corps se mit à réagir, en exhortant la nourriture à sortir par l'orifice d'où elle était entrée. Constatant simplement que le choix du comment et de l'endroit approprié pour le vivre, semblait impossible à maîtriser. Un état de déchéance totale, sans aucun contrôle sur le corps.

Ensuite, après avoir constaté que tout le déjeuner était bien là, marcher, si aisé en temps normal, devint un vrai sacerdoce. L'esprit lucide n'arrivait plus à ordonner au corps, qui se déportait constamment sur le côté. La constatation évidente qu'une maîtrise du corps fut impossible par l'esprit sous l'influence de cette substance, en détourna complètement l'intérêt.

Regardant autour les attitudes des camarades, chancelant de droite à gauche en riant, expérimentant la bêtise du langage hors de propos, ajouta du dégoût et la volonté de ne plus vouloir renouveler l'expérience.

Le vécu par le corps et l'esprit apporta la certitude par l'expérimentation sans être uniquement une théorie quelconque ou une interdiction sans arguments. L'absorption d'alcool n'ayant aucune qualité pouvant mener à la libération de la souffrance, elle n'aura aucun espace au sein de l'existence et l'esprit ne lui donnera jamais plus l'occasion d'empêcher le contrôle du corps.

L'instant où théorie et pratique ne formèrent plus qu'un, éveilla une profonde cohésion ne demandant qu'à s'exprimer au grè du chemin, accordant ainsi une crédibilité totale à la logique des causes et des effets.

La non-violence

Au collège la camaraderie prit un tournant plus intense, car son pouvoir sur les situations ambiguës et violentes envers les plus fragiles, mettaient l'accent sur la légitimité d'une solidarité humanisée.

Au sein d'une classe, les différences perçues comme des faiblesses, limitaient l'intégration devenant un vrai challenge pour certains. Apparences extérieures, attitudes débonnaires, langage limité ou niveau d'intelligence, engendraient toutes sortes de jugements dès les premiers instants de l'année scolaire. Une classification aléatoire divisait les élèves en leurs attribuant une étiquette, bien loin de révéler les qualités de chacun.

L'habitude intransigeante de l'étiquetage, catégorisant les gens et les choses déjà bien ancrés dans les esprits de la jeunesse, ne se modifiait que rarement au cours d'une année scolaire. La violence verbale tout aussi insidieuse et nuancée, agissait en rendant très précaire la capacité du discernement chez les jeunes. Certains fiers de leurs ascendants sur les plus faibles jouaient avec leurs peurs, les insultant ouvertement ou les frappant sans ménagement, prétextant s'intéresser à eux.

En classe, la protection des plus vulnérables commença à s'exercer de manière discrète, pratiquement imperceptible afin de laisser le champs libre à leurs propres réflexions. La subtilité de l'action devait en toute occasion insuffler et non agir à leur place, rendant ainsi crédible l'impact de celle-ci.

Le jeux collectif encourageant à développer cet aspect, permit de faire valoir des qualités sous-estimées ou refoulées lors d'implication en groupe. Leurs vies scolaires faites de brimades et de négligences prenaient un court instant l'apparence d'une victoire. La joie dans ces regards apeurés, incita à toujours plus de diligence et de loyauté envers les plus faibles.

Les années de collège avaient la capacité d'imprégner et de transformer les convictions les plus profondes, modifiant des attitudes autrefois complaisantes en source de peurs ou en développant de nouvelles ouvertures intérieures.

Le futur adulte s'épanouissait en commençant par confronter les apprentissages parentaux et amicaux, au contact de la vie communautaire d'une classe, d'un collège et d'un lycée. Expérimentant les occasions de conflits inutiles, les joies et les peines de l'esprit compétitif et la stupidité de situation manquant de toute forme de logique.

C'est dans un contexte comme celui-ci, assez déroutant, qu'un élève cherchait constamment à avoir un ascendant sur le corps et l'esprit. Prenant pour habitude étrange de prodiguer insultes et autres attitudes négatives à chaque rencontre dans les couloirs. La réponse constante fut de détourner l'attention, ignorant catégoriquement l'attitude conflictuelle suscitée par de telles causes.

Mais au fil du temps rien ni faisait, l'élève s'obstinait à rendre ces rencontres désagréables, tinté d'une arrogance déconcertante. Puis un jour, agacée par tant de désinvolture, le regardant sans détour en décochant une tirade solennelle l'obligeant à s'expliquer sur ses agissements derrière le collège.

A ces mots, une mèche venait d'être allumée mettant tout le collège en ébullition, car personne ne voulait manquer le rendez-vous où la non-violence infligerait une correction à la stupidité. Tous se retrouvèrent derrière le collège stimulés par une allégresse flagrante, sachant que ce jeune homme avait de nombreux détracteurs ayant subi les mêmes agissements.

Le combat s'engagea après que les estomacs furent repus le midi. Et la ferme intention de museler la stupidité avec corps et l'esprit, donna à la situation un air de conviction. Le corps imposant se rua sur l'agresseur, ne lui laissant que peu de chance de réagir. Sachant que la violence engendre toujours plus de violence, immobiliser la stupidité (l'agresseur) au plus vite, fut le seul moyen de lui démontrer son incapacité à nuire. Le corps enfourcha le cou de l'adversaire avec une rapidité sans connaissance, l'empêchant ainsi d'avoir tous mouvements de réplique. Enserrant avec force, la stupidité en se débattant accentua sa propre souffrance.

Les camarades stimulés par tant d'agitation, scandèrent des théories afin d'infliger plus de souffrances, mais la non-violence empêcha uniquement la stupidité de réagir, lui montrant son impuissance à nuire. Le bras lâcha prise au bout d'un temps assez conséquent, laissant l'agresseur en larmes avec une profonde marque sur son égo.

Les élèves du collège s'attendaient à un combat violent avec sang et larmes, ils repartirent avec la leçon que « violence n'est pas forcément ignorance ». Après cette épisode, les bonjours respectueux remplacèrent les insultes et l'entente fut amicale et très cordiale durant de longues années.

La colère est vide de sens

L'existence humaine expérimente au cours de son passage ici-bas, une multitude d'états émotionnels, d'intensité plus ou moins variable, en relation avec un cheminement au contact de ces instants.

De nombreuses graines sont semées, apportant joies, espoirs, désillusions, colères, jalousies etc… au gré des transformations et compréhensions intérieures. Lorsqu'un terrain (esprit) est fertile pour y planter une graine de colère, arrosée abondamment par des émotions conflictuelles et toutes sortes de pensées sombres. La

graine se renforce et s'enracine dans la terre, devenant avec le temps un arbre robuste et fier produisant de multiples fruits appelés : peur, violence, angoisse, tristesse, instabilité etc…..
Prodiguant à leur tour de l'ombre, empêchant la croissance d'autres pousses plus vertueuses.

Au début de sa croissance, la jeune pousse est facile à déraciner d'un geste tranchant et sûr, au moyen du raisonnement et du discernement. En revanche, plus les racines s'étendent, plus les efforts pour les extirper du sol sont intenses. Sacrifices et remises en question deviendront récurrentes et intransigeantes.

La rapidité d'une prise de conscience éclairée est donc primordiale, empêchant toute étendue de la colère et de ses conséquences. L'arbre n'étant plus alimenté par l'ignorance, s'assèche et perd de sa crédibilité.

La découverte lucide de l'impact dévastateur de la colère sur l'esprit fut amorcé par la relation tumultueuse avec Frèro. En effet, depuis les premières relations conscientes, l'agitation que suscitait la déformation volontaire de faits vécus, qui, empreints de logique pure étaient galvaudés par l'ignorance et la stupidité, exacerbait l'esprit. La vision étriquée sans aucune humanité, empêchant la raison d'y concevoir un entendement, limita fortement cette relation au fil du temps. Comment maîtriser une colère naissante, basée sur une déformation volontaire de faits, afin de s'en attribuer un mérite quelconque au détriment d'autrui ! Une telle injustice ne pouvait rester sans réponse, surtout en sachant qu'une vérité lumineuse était détournée, servant un ego en manque de reconnaissance. Une lutte extérieure du droit à l'absence de vérité, semblait être plaisante et importante pour Frèro. Utilisant l'argumentation et détournant sa culpabilité au détriment d'autrui, sans aucune once de remord et surtout en se persuadant du bien fondé de son action. Un vrai supplice, demandant contrôle sur les actes et maîtrise de l'émotion tumultueuse de la colère, suscitant ainsi au moyen du détachement l'absence de vengeance.

Après mûre réflexion, l'intuition chuchota qu'il fallait créer de la peur, afin de lui signifier qu'il avait eu gain de cause en produisant la colère.

Le contrôle de l'esprit était le seul garant de l'action sur le corps, sa maîtrise permit de faire croire l'absence de raison, se qui produisit chez Fréro le sentiment d'avoir vaincu, rassasiant ainsi son ego. L'obligeant à faire taire son ignorance face à des faits incontestables. La situation retrouvait alors son cours normal, car la peur de la violence et du rejet faisait simplement taire son arrogance.

Lorsque de temps à autre, la colère instiguée par sa stupidité essayait de se frayer un chemin à l'intérieur de l'esprit, une défense opposée se mettait en place intérieurement. Une forme de sérénité paisible, totalement indépendante des perceptions que l'autre voulait infliger, apportant une clarté à la situation en permettant d'apercevoir l'issue positive ou négative. Projetant en une fraction de seconde les différents scénarios intérieurs, suivant une réaction bien précise du corps et de l'esprit sur l'autre.

Il est certain que l'irrésistible besoin de Frèro de pousser les gens dans leurs retranchements en les manipulant et les agaçant à l'extrême, devait avoir pris naissance en relation avec son enfance tumultueuse. Toujours rabaissé et dénigré, il développa un système de défense, une protection, afin de détourner les accusations et argumenter sans fin même quand il comprenait l'évidence de son attitude négative.

Malgré les nombreuses occasions que Frèro créa, afin de faire naître la confusion et la colère, il ne réussit qu'à se façonner une réputation négative au regard d'autrui.

La colère n'a jamais eut l'opportunité de détourner l'esprit, au point d'en prendre le contrôle en lui faisant perdre la raison, générant ensuite regret et amertume. Ayant par le passé constaté les conséquences de la colère que Monsieur Père infligeait, elle devenait vide de sens, sans aucun intérêt, ni saveur et se tut de manière constante dans le futur.

L'empathie au quotidien sur la voie

La sensibilité au contact de la souffrance d'autrui se fit plus intense, une force incontrôlable incitée à s'intéresser à leurs ressentis, aux douleurs qui les animaient. Se mettre à la place de l'autre devenait progressivement une habitude, accompagnée d'un attachement à celle-ci. La protection des faibles et des « laissés pour compte » subissant la prolifération de concepts discriminatoires, stimula l'empathie. L'envie devenant obligation constante de les mettre en avant à n'importe qu'elle occasion, stimula un environnement amical et solidaire en tout temps.

Compassion et empathie

Lorsque témoin de la souffrance d'autrui, le besoin irrémédiable de prendre sur soi sa douleur, laissant apparaître un désarroi intérieur de ne pouvoir agir de manière directe. Une transformation se crée peu à peu en qualité d'esprit où compassion et empathie ne forment plus qu'un. Alors que l'empathie fonctionne comme un simple miroir des émotions d'autrui, la compassion implique un sentiment de bienveillance, avec la volonté irrémédiable d'aider une personne en souffrance. Lorsque l'empathie et la compassion sont unies, l'élan est si puissant que l'action pour le bien d'autrui, devient directe avec le corps ou indirecte par la force de la pensée.

Printed in Great Britain
by Amazon